愛彌兒叢書 4

兒童道德教育

我們可以教導兒童成為好孩子嗎？

CAN WE TEACH CHILDREN TO BE GOOD?

Roger Straughan／著　李奉儒／譯

CAN WE TEACH CHILDREN TO BE GOOD?

Roger Straughan

Chinese edition copyright © 1994
by Yang-Chih Book Co., LTD.
for sales in Worldwide.

ISBN 957-9091-69-2

Printed in Taiwan, Republic of China

新版序

　　自從本書於西元一九八二年出版後，道德教育領域中有了許多頗具意義的發展。像是理論與實際層面均有大量的相關書籍出現，因此這新版本在適宜的章節中會恰當討論這些嶄新的觀點。特別是有關教室課堂的實際情境方面，由於該情境和道德的語言和概念之轉變有密切關聯，使得許多學者對於德育的方法論與課程日益關注，而使得德育的重點從「道德」（moral）轉向到「個人與社會」（personal and social）教育。

　　這些趨勢有待教育學者之詳細檢查與分析，如貿然假定任何的教育改革必然是較好，始終是很危險的謬誤。所以，此一新版本將較為著重近幾年來實際發展趨向的範疇，以及「個人與社會教育」這項議題。

　　然而，本書原先的重點和主張並不須更改。這些新近的趨勢，只說明了吾人在道德領域中持續提出及亟欲達成的基本問題之必要性，如果僅僅是專注於方法論或思考一些專業術語，實是無法滿意地回答吾人提出的問題。或許

柏拉圖仍然會將今日的道德教育視為「全然混淆」(in utter confusion) 的學科，但吾人却不能忽視他為澄清混淆所提出的策略之邏輯。

Roger Straughan

中文版序

　　「德可教嗎？」米諾（Meno）曾如是問蘇格拉底，而蘇格拉底的回答是：「你一定以為我是非常幸運地知道，德是否可教或如何習得，事實上我根本不知道德是否可教，同時我對於德究竟是什麼毫無所知。」本書主旨即在指出，「是否可以教導兒童成為好孩子？」這一外表上似乎直接明顯的問題，如果沒有細心謹慎地思考其中涉及的哲學課題，無法被正確地理解和回答。換言之，吾人在支持或反對某種德育模式之前，必須對道德與德育性質作哲學思維。教師與家長（或是所謂道德家的論證）經常假定上述的問題是種自明的常識。但藉由本書的探索，這類假定的不健全和危險性將被一一揭露出來。

　　省視中國的道德教育，孔子及儒家思想是一昭然的起點。兩千多年來孔子及儒家思想指導著中國的學術、社會和生活。作為一種倫理體系或道德哲學，儒家思想較為著重於政府和社會組織，以及和諧有序的人際關係。而透過禮儀教化，培養健全人格，更是傳統教育的重心。可是，

雖說道德教育自古以來是我國教育的核心和現今最高的教育目標——五育之首，儒家思想對於德育的複雜性和多層面並未能提供一完整圓滿的描繪。事實上，我國道德教育的傳統模式以權威方式爲主，較偏重他律的行爲敎養及特殊德目的訓誨說敎，要求學生服從記律、聽話行事；而較忽視、未能發展學生自律的行爲履現及道德判斷的推理決定，以使個人成爲理性的道德行爲者。

　　敎育的發展無可避免地與社會實際和文化傳統密切相關，道德教育自不例外。近來社會的內容結構急遽變遷，文化中的價值觀念紛歧而多所衝突；吾人行事與判斷，若只單憑他律而來的道德規則或權威訓諭，將注定是不夠充分或有所爭議，甚至經常處於道德兩難或衝突的困境中，不知何所適從。然而，「他山之石，可以攻錯」，正是本書中譯的基本動機，因本書系統地介紹暨批判西方哲學分析對道德及德育研究的成果，或有助於國內關心德育理論與實際的家長、教師和學者借鑑。

　　首先，道德哲學和道德教育之間有著深具意義的互動關係。一方面，前者對德育有重要的影響，因其澄清與理解道德的基本假設及概念，甚至提供可證立的道德理論。眞正說來，有關道德教育的問題，若是對道德哲學沒有深層認識，將無法令人滿意地解決。另一方面，後者之所以重要於道德哲學，是因其確保道德哲學不至於忽略眞實生活中道德領域終極是行動與實踐的本質。就上述這層互動的關係來說，本書很有系統地檢查這層關係的雙向性質，不啻完成一無懈可擊的工作。換言之，既指出關於「教導

兒童成為好孩子」的日常概念往往是基於一些特別的（且經常未經仔細思索的）道德觀，也批判了某些特定的道德理論（例如情緒主義）應用到德育實務時，清楚地顯露其主張的缺陷和不足。

其次，任何德育計畫若不能對其立基的道德理論有確實且清楚的評價，終將是無能或無效的。德育在我國雖受重視，然而有見之士莫不認為德育仍似「全然混淆」的主題。問題並不在於關心德育的學者沒有盡全力地改善其理論與實際，而是未能對其據以立基的倫理學說（如價值澄清法等）之限制、缺點和問題，作充分地反省與改進。然而，本書對於西方某些德育模式及其相關的道德理論則詳加檢查，如西方的道德教育的主要趨勢，道德理論諸如規約主義、情緒主義和存在主義，道德及德育的主要內容訴求等，在本書中均有適當的探討、分析和審察。這種哲學分析的運用，應會有助於吾人省思本國各類德育計畫的實驗或施行。

第三，本書進而指出，有些德育方法和措施看似深具說服力，實則其贊同者並未能察覺到有許多可有效駁斥這類持唯一不疑道德觀的反對主張。縱然教師與家長是深切關注德育目標，若不能注意到道德層面中理論與實際的、描述與評價的複雜性，其所能獲得的成效將是微乎其微。迄至今日，並沒有一套完美無缺的道德理論，可放諸四海而皆準，若是德育工作者假定有這樣的理論存在且深信不疑，將是非常危險的。本書一大貢獻即在顯示哲學在這方面能扮演相當重要的角色。關心德育的人因此必須運用哲

學方法，慎思各類不同的道德觀，明辨自己先存的直覺、信念等；忽略了道德領域的複雜性，易導致過度簡化、甚或獨斷教條的德育模式，而不能清楚地評估這些模式背後的理論基礎。

最後，就整本書而言，作者先是探索「好」和「教學」的概念，點出其中一般人對道德和德育理解的不恰當處，並深入淺出地介紹和批判一系列或從形式或從內容界定道德性質的理論和主張，進而指出隨之而來的德育觀點之衝突所在。由於沒有任何一種關於道德或德育的說明是完全令人滿意的，本書在最後一章提出綜合的看法，建議一些實用的教學策略，頗值得中小學教師和師範院校學生，乃至關心德育的家長等參考。

總而言之，全書提供的最大課題是：如果我們想要從事道德教育的工作，那麼在我們開始之前，必須好好努力思考究竟道德教育包含和涉及那些內容。讀者無須假定本書的任何主張都是最後的、無可質疑的正確答案，因為哲學分析和批判的目的並非如此；教師、家長和有志於德育者，應該試圖找出自己的意見。

本書原名為《我們可以教導兒童成為好孩子嗎？》（*Can We Teach Children To Be Good*？），因配合中文譯本，經徵得作者同意，易名為《兒童道德教育》。原文流暢易讀，旨在探究兒童道德教育在理論與實際方面的問題，也同時顯示出嚴謹且清晰的哲學思維、推理和批判的過程。譯者雖戮力呈現本書原貌，然而，譯文中疏漏不順之處在所難免，敬請讀者見諒，並請不吝指正。

本書中譯本得以付梓，公諸關心道德教育的讀者們，
實得助於揚智文化事業公司葉忠賢先生的熱心與厚愛，我
們在此表示萬分謝意。

李奉儒

Roger Straughan

1993年9月

目　　錄

第一章
道德教育中的問題

　　許多人如果被問及：「教師的主要任務是什麼？」答案通常都是「傳遞知識」、「發展兒童的智能」，或是「幫助青少年做好日後的就業準備」等。因此，當有人認爲教育素質低落時，教師往往被譴責未能成功地教育這些必要的事物，諸如學童沒有盡量學到該懂的知識，或不明白事情的是非對錯，或是不能達到一定程度的基本技能，或者是畢業後還不知如何謀生等。

　　這些主張學校教育水準正江河日下，且教師們沒有適當地盡責任的說法，無論是對是錯，教師之所以飽受批評還另有原因。就許多人而言，所謂教育失敗，指的特別是學生們的**舉止與品行** (behaviour and conduct)，而非他們的心智成就。這可由一般輿論看出，如報章的評論或廣播頻道中的聽衆意見，均將青少年的行爲敗壞現象，大大歸咎於教師的未善盡責任；認爲教師不僅應該教導兒童成爲有知識的人，而且也應該教育他們成爲善良的人（如好孩子、好青年、好國民）。

　　讓我們更仔細探究教師被指控失責的真正理由，是應爲下列脫序現象負責：當代社會日益變得目無法紀、凶殘

暴力、缺乏紀律，以及任意胡作非為，尤其是年輕的一代最為明顯，例如，統計數字顯示，青少年破壞事物的蠻行、暴力犯罪、濫用藥物、亂搞男女關係等已經日漸增加。其他較不明顯但同樣值得憂慮的現象則是，社會風氣越來越不尊重權威，不重視禮節，致使今日的兒童比起以前更為粗魯無文、滿嘴髒話，及儀容不整。學校至少該為上述現象負起部分責任，因為是它們製造出來的成品未能達到大眾期許的標準；而教師也沒有盡全力來傳遞正確的價值觀給學生，以確保學生的行為能為社會大眾接受。

對於宗教的不感興趣，特別是宗教教育的不再，經常被視為吾人所謂**道德抑鬱** (moral malaise) 的一重要因素。以往西方的宗教教學就「對或錯」的問題都會給予清楚的答案，並使兒童一點也不懷疑這些答案。然而，今日的情況是不僅前往教堂的家長逐漸減少，而且學校也不再重視宗教，實際上，在很多學校中已經很難發現任何可被稱為宗教的東西了，於是教室裏出現了**道德真空** (moral vacuum) 的情形。有鑒於此，有人主張德育相當重要的事情是教師應該更清清楚楚地告訴各個年齡層次的兒童，在校內及校外要如何去做才是對的行為。所以，就學校中道德黯然失色的現象來說，在學校的課程表中難道還不排上「道德教育」這個科目嗎？

讓我們將上述的宣稱與意見等冠冕堂皇地稱為**道德家的論證** (moralistic argument)。這類論證的觀點相信大家都耳熟能詳，且似乎得到不同層面的支持和贊同，因為它的主張「顯得言之成理」，例如，無疑地，青少年的行為

確在低落，學校不再提供清楚的道德指引，教師也不再有充分的時間和精力來教導兒童成爲好孩子。

　　但是，聽起來似乎言之成理，而且對許多人有強烈情緒訴求的言論，也不應被囫圇吞棗地全盤接受。在我們接受任何觀點之前，必須以批判的態度來審查與探究，特別是像上述的說法，其指涉的涵義會產生相當嚴重的結果。如果我們決定「道德家的論證」是有效的話，那麼我們就是贊同兒童們存有一種特殊且不符合吾人心願的狀況，這種狀況實際上是可以矯正的，但教師卻沒作任何補救的工夫，是沒有盡到道德、社會及教育等方面的義務。這個問題對於日後想爲人師表的青年更顯重要，因爲他們必須對這個主張的立場有所抉擇，而這會根本地影響他們的教學態度，也會決定他們將會成爲何種教師。譬如說，具傳教士般熱忱且矢志改善、感化年輕學子的教師，比較有可能同意「道德家的論證」。所以，如果有位老師對於「我們可不可以、應不應該教兒童做好孩子」的問題之反應是直接而又實際的，亦即他的反應是來自他如何看待自己的工作和在課堂上應有的表現，那麼，很重要的是他要有時間來謹慎、仔細、理性地考慮這一問題，而不是以對教師角色未經檢查過的假設作基礎，據以建立他在教室中實際的教學態度與授課內容。

　　我們又如何確信那些假設是未經檢查的呢？一種方式是對那些議題進行「哲學」思考，即將吾人現存的直覺和信念揭露並測試，這正是哲學的主要功能之一。哲學家設計出種種方法，來探究用以表達吾人直覺和信念的語言，

並指出其中可能產生混淆、涵義不清、前後矛盾、界限不明的地方，藉以澄清吾人形構陳述語句和進行論證時所用的概念，並檢查吾人所提供的理由是否可以被證立。

這樣描述哲學或許顯得模糊或抽象，不過，我們可藉由探討「道德家的論證」中的哲學問題，來使「哲學思考」較為具體明白。如果這樣做能讓我們清楚瞭解該論證真正在宣稱的是什麼、其有效性如何，以及它所賴以形成的設定有那些，那麼哲學就有實際的用處了。

首先，宣稱行為標準正一落千丈，是意指那些內涵呢？這種宣稱乍聽起來，好像是種事實宣稱，即我們可以在外面環境中蒐集資料，並分析研究以「經驗地」實證它是否正確。但是，這種宣稱又截然不同於指出氣溫、出生率及通貨膨脹率等現象之下降的宣稱。氣溫等都「是」經驗事實，縱使有時候由於某些原因而不容易確定是否真有下降，至少原則上我們知道如何去求證，有何依據來辨明真假。可是，所謂行為標準低落指涉的是什麼呢？**標準** (standard) 在不同脈絡中可指不同的事物，例如，可用來指「已完成的」或「被期待的」事物。所以，「行為標準」可能指兒童實際的作為，也可能指成人期待他們行動時依循的方式 (Straughan & Wrigley, 1990)。問題是在這兩種情況中，怎樣才算是行為標準的提高或下降？究竟有沒有普遍接受的準則，可用以衡量兒童品行操守及其標準的升降？

讓我們用如下的想像案例來說明其中明顯的困難。假設一九七八有人研究許多青少年的行為，一九八八又再調查一次。這調查既觀察青少年在不同環境下的行為，也將

他們安排在特定情境裏，以測驗其對某些事情的反應，例如讓他們能夠選擇欺騙、做假或誠實，是否服從指示，是否幫助有困難的陌生人等。又假設這兩次的調查統計結果，發現一九八八年的青少年比十年前的青少年粗言穢語較多，考試作弊較少，協助老年人過馬路較少，參加募捐籌款較少但贊助公益活動較多，喝酒較多但抽煙較少，吸毒較少但性經驗較多等。那麼，究竟青少年的行為標準是提高了還是下降了呢？

由此可知，要決定行為標準上升或下降，必須先判斷何者才「算是」升或降，然而這樣做有其困難，並非每個人都會達到意見一致的結論。氣溫是否升降，可藉由溫度計觀察出相同的結果；但僅僅觀察行為，卻沒有辦法解決行為標準是升或降的問題，因為後者是道德判斷的問題，不能單憑事實來驗證，例如，如果我們判斷罵髒話比考試作弊更為不道德，我們就可能決定青少年的行為標準到了一九八八年已經低落；另外，如果我們認為嗑藥吸毒的問題比忽視路邊需要幫助的老年人更具不道德代表性，那麼我們有可能歸結行為標準已有提高。所以說並沒有簡單、經驗的法則，來決定行為標準的升降，只得完全根據個人意見來判斷何者是道德上可欲求或不可欲求、值得稱讚或必須譴責。尤其一般人的傾向是將道德等同「某一」特殊的行為方式，再依據觀察兒童干犯這類行為的頻繁與否，來歸納出兒童道德標準和價值的一般性結論，例如，常有人投訴某某電視節目傷風敗俗，教壞下一代，讓他們不顧道德價值，像是罵髒話等。

如此，我們即不免要面臨一些最基本的、最難解答的、哲學家試圖要處理的問題：**道德價值** (moral values) 究竟是什麼？我們如何做「道德判斷」？如何支持自己的說法，以宣稱某特定行動是對或錯，好或壞？道德決定是否全都是個人意見？沒有比較客觀的基礎來做道德決定嗎？以上種種問題，「道德家的論證」並未提及，然而我們想要「教兒童做好孩子」的話，卻不能不先考慮清楚。這在後面的章節中將有詳細討論，目前僅簡單地說明由「道德家的論證」所引起的部分難題，亦即要求教師應積極彌補所謂「道德真空」產生的問題。這種主張意謂人們對於所有的道德問題，心中早有一套公認的答案，教師有責任引導兒童認識這些答案，牢記於心並付諸行動。這種主張是否可以被接受？

在許多狀況中，這種主張並不可行。我們日常生活裏許多重要的道德議題迄今未有定論，像是安樂死、墮胎、體罰、死刑、同性戀、婚前性行為，以及不合作抗爭市政等。道德問題的解答，單憑觀察事實是無法尋求出「正確」、沒有爭論的答案（詳見本書第五章）。

但是，縱使對於某項特定的道德議題，絕大多數甚至全部的教師意見一致，是否有必要等於說教師有教育責任，要求學生依循這些公認的原則行動？假設大多數教師認為婚前性行為是不對的，那麼身為道德教育者，教師是不是都有責任來教這個信念，努力勸說學生切勿發生婚前性關係？許多道德教育者對於這種看法持反對的意見。理由是雖然這樣做對社會有些好處（以上例來說，可以減少

青少年墮胎及性病的問題），然而能否奏效，則主要取決於學生會不會接受教師的看法，肯不肯言聽計從；然而學生自身有沒有理解、掌握這些道德問題涉及的爭議，則應是更重要的德育重點。

簡單來說，很多事情從不是因為某某人「說」對就會是對的；要求某人如此這般去做，或是服從某某權威，道德問題（最少在道德上）斷不會就此解決。這是相當基本的道德，不幸有些教師很難去理解，這大概是因為一般教師心目中，約定俗成地認為聽話、服從、守規矩等都是很重要的德行。這種心態倒不難瞭解，在一大群學生面前，教師必須運用社會控制來做好他們的教學工作。每一位教師的自我肯定及教學的有效性，都是源自一個信念，即學生都該聽命行事，遵守校規。但是，教兒童聽話做事並不等於教兒童成為好孩子；服從權威跟自我的道德判斷是極端不相干的。以下的例子可以更清楚說明這一點。

一位美國心理學家曾做過一連串的實驗，邀請一般大眾，志願參加有關懲罰對學習影響的實驗（Milgram, 1974）。實驗進行時，實際上是位演員的「學生」給綁在一張椅子上，被告知要學習一系列的字對；而由對該實驗深信不疑的志願市民之一擔任「教師」，坐在一個發電機前面，並被指示說：「學生」每次問題回答得不對時，「教師」就應該按一下掣鈕，令學生受到電擊，而每一次電擊都會比上一次強烈。實際上，「學生」並不會受到任何電擊，只是假裝痛苦、反抗；當電流顯得越猛時，他的反應越為強烈。若是實驗做到一半，「教師」猶豫或是拒絕繼續按掣，

主持人就對他說：「請繼續」或「這個實驗要求你繼續」，或說：「這是絕對必要的，你要繼續下去」，再下次說：「你沒有別的選擇，一定要繼續」。結果，有些實驗裏，百分之六十五的「教師」服從主持人，繼續向「學生」施壓到他們明知有高度危險性的四百五十伏特電流。這個實驗結果相當令人驚訝與害怕，因爲誘使人們服從權威是如此容易。但是，我們當然不能認爲那百分之六十五服從指示的人，比那些拒絕服從指示的百分之三十五的人，在道德上更爲善良或成熟。所以，聽命行事並不等於道德的行動。下面幾章中將有進一步的詳細討論。

　　同樣的觀點可用到宗教權威上，根據「道德家的論證」，主張宗教權威的式微，使得今日的青少年有了道德眞空的情形。可是，任何宗教所宣揚的規則、戒律及宣示等，不能僅只因爲這是宗教上的宣示，就被認爲是道德上正確無誤的意見。此外，還有不同宗教規定了不同原則的問題，因爲它們依據的是不同的啓示、相異的聖典和傳統。這些神意、啓示經常互相衝突，那麼如何判定何種宗教教條是道德上正確的呢？這不能再由規約這些教條的宗教權威自身來思考，因這樣做並無法解決如何在「相互衝突」的宗教權威中做抉擇的困難。我們只能運用吾人對該問題所涉及的議題做一道德判斷，來測驗那些宗教規令的道德價值，並爲自己下一道德決定。如果我們爲了迅速解決這個問題，而主張：因爲聖經（可蘭經、教宗、地方巫醫，或其他宗教權威）如此宣示，所以它一定是對的。那麼我們是再次將道德判斷的決定等同於服從權威、聽命行事。

因此，主張學校要更爲強調宗教，以樹立權威並提供兒童應該如何行動的準則，同時認爲「道德眞空」可因而被填滿的假定，無疑是錯誤的。這個步驟在不同的方式中，或許可能也或許不可能改變兒童的行爲。不管如何，如果兒童只是遵循由某一權威（如宗教）所規定的正確答案，那麼這個結果就不能被視爲「道德的」行爲。當然，有關道德行爲和道德推理的眞正特性需要更深入的探討，而這也是後面幾章中的主要內容。

在結束本導言之前，讓我們再討論「道德家的論證」中另一非常隱晦的層面。如果教師在學校中被期望能扮演道德的導師，那麼他們的教學活動和教學方法該如何去進行呢？「道德家的論證」似乎假定只要教師能充分關心兒童的「行爲標準低落」問題，那麼所有的問題都會立即消失。但是，縱然教師眞的認爲教育兒童成爲好孩子是他們工作的一部分，教師立即要考慮兩件事，即不只是教什麼的問題，還有如何去教（不管是什麼內容）的問題。

教師被期望去做的是那一種類型的教學呢？是不是在於教兒童知道「某些特定的事情是眞實的」？就像地理老師教導羅馬是義大利的首都一般，還是教兒童「如何做某些特定的事情」？像數學老師教學生如何去解二次方程式，或者是教兒童「去做某些特定的事情」？例如，科學老師叮嚀學生使用危險化學品時要非常謹愼。這個問題的答案，取決於吾人所認定的德育主要本質爲何，而其中的複雜性卻被「道德家的論證」所忽視。事實上，正如本書第六章的討論，德育的本質包含上述的三種教學類型，並沒有任何

簡單或單一的方法來「教兒童成為好孩子」。

　　除了未能察覺德育可能包含不同類型的教學方法之外，還混淆了另一個重要的差異，使得教師工作的困難性被低估了。教兒童「要去做」(teaching to，實踐的教學) 某件事，直接關聯到該件事的履現，例如，只有某小孩由於接受老師的教導，在日常生活中「真的」總是誠實的情形下，教師才能宣稱已成功地教他「要說實話」。但是，教導「什麼是」(teaching that，事實的教學) 及教導「如何做」(teaching how，技巧的教學) 是兩種並不直接關聯兒童行為方式的教學類型 (Scheffler, 1960)。如果成功地教導某兒童偷竊是錯誤的，他會學到偷竊是錯誤的，但這並不能保證他「將不會」在未來某些場合中偷竊。同樣地，如果教某小孩如何安全地放煙火，他會學到「如何」安全地放煙火，但這也不能保證他「將會」安全地放煙火。歸納來說，並非所有的教與學的形式必定會導引出吾人期待要求的行為方式，因為命題 (如偷竊是錯的) 和技巧 (如安全地放煙火) 的教與學，可能基於某些理由而使學生不會將所學表現於行動上。所以說，「道德家的論證」將德育等同教兒童「去」做某些特別的事，而忽略其他雖不直接但也同樣重要的教學類型，使教師的責任聽起來似乎比其實際上的情況更為簡單和更有成效。

　　「道德家的論證」相信，教兒童依某特定方式來行動，其結果是肯定的；但仔細推敲該論證之後，可發現更多問題。若是我們想使別人依某種態度來行動，可以有很多種方法，但是，越可以肯定別人會照指示做的方法，亦即結

果越可以預測的方法，越不適宜宣稱為「教學」。舉例來說，用**制約技術** (conditioning techniques)，我們可以讓人和動物對某特定刺激產生特定的行為反應；但如此一來，結果越是確定，學生越是沒有選擇或決定的自由，如何可以等同於「教學」呢？此外，如果行為結果是必然不可改變的，我們怎能說這個學生正在**行動** (acting) 呢？它無非是被制約所引起的特定行為罷了。這些問題留待第三章中詳細探討。在此則先指出：「教學」至少應該提供好的理由，讓學生明白何以值得相信某些事，何以應該做某些事 (Scheffler, 1960)。但並不能「強迫」任何人接受這些理由，作為他的信念及行動的基礎；縱使學生承認理由充分，值得去做，也不能保證他們日後完全按照這些理由來行動。由此可知，並沒有直接、肯定的方法來「教導兒童成為好孩子」，有如灑胡椒粉令人打噴嚏或命令牧羊犬坐下那麼容易見效，因為沒有任何教師可以保證兒童一定會接受某些理由並按照那些理由來行動。

　　以上的討論說明了雖然「道德家的論證」在許多方面似乎言之成理，但一經哲學的批判解析，立即彰顯出其論點並不恰當，甚至於矛盾不一致。上述的探究雖只是表面的，且缺乏系統的條分縷析，可是其中提出了教師不能忽視的幾個重要議題：是不是實際上所有教師都有責任「教導兒童成為好孩子」？這是否可行？是不是可以欲求的？它的正確目的是什麼？它的主題內容應包括什麼？能夠使用及應該使用那些教學法呢？

　　處理這些棘手的問題，首先須省視當前的教育理論與

實際如何看待它們，以及學校中所實際進行的為何。這個研究方向可能無法提供所有的答案，甚至引起比它能解決的還要更多的問題，但至少這個方向使我們能在一實際的、當前的領域中探究，且能密切關聯到教育的眞實情況。

第二章
德育的主要趨勢

　　自古以來教育的主要內含就包括道德因素。從大約二千五百年前雅典的柏拉圖，到今日英國教育科學部 (D.E.S.) 和皇家督學 (H.M.I.) 的報告書中，均很重視德育。不過，本書的目的並不在於作詳細的歷史調查。

　　最近德育的發展趨勢，即很能說明前章中提及的問題的複雜性，就如一位美國學者的觀察發現：

　　　　美國教育家一直都是道德教育家。無論是從嚴肅的清教徒觀點或是從縱容的浪漫想法出發，傳統上兒童就是該接受道德訓練。然而，最近有關德育的新主張，並非對道德的明顯關注，而是在於對道德複雜性之覺察。(Hersh, Miller, & Fielding, 1980)

　　那麼，檢查這複雜性的最好方式，可能就是簡要地回顧最近這幾年對德育最具影響力的趨勢，以及它們所引起的反對意見。這個方式應該能對「教導兒童成為好孩子」的涵義提供許多不同層次的觀點。

第一節　價值傳遞

這個名稱意圖涵蓋教師在日常教學中採取步驟（也許經常不作任何反省），以影響兒童的信念與行為的教學歷程。就像我們時常聽到的宣稱「事實上所有的教師都是道德教育的教師」，所強調的就是這種**價值傳遞**（value transmission）的主張。當然，教師無可避免地在跟個人及團體互動中，由於對某些行為方式的贊同或反對，而透露出他們支持的特定價值觀。教師可能藉由他的言行、獎勵和處罰、微笑和皺眉頭等方式，來顯示出他重視某些特定的價值，像是誠實、毅力、不畏艱難等；同樣的方式，另一位教師可能藉此強調其他的價值，如體諒、寬恕、耐心等。更為正式地，學校也無可避免地經由其紀律的維持和校規的重視，而強調了某些特定價值。

不用說，這種德育的方式並沒有什麼特殊新穎的地方。它本來就是英國公學（public school）傳統中根深柢固的特點之一，這可從下述引文中社會學分析所做的描述看出：

> 公學之所以有名是因其道德課程，而非學術課程。德性的教導主要藉諸正式課程之外的安排。學生都要參加學校禮拜堂，以學習舊有及強勢的宗教傳統；更為特別的是，由基督徒犧牲精神來學習成為未

來家庭和國家的領導者。在遊戲場上，學生也能從牛保特（Newbolt）的詩集中學習到諸多行動的詞彙，像是有關遊戲、遵守規則及接受懲罰等等。(Musgrave, 1978)

在本世紀的前五十年裏，文法中學及公立小學也都深受這種德育概念的影響，例如，在一九○五年出版的一本《公立小學教師思考的建議手冊》指出，教師宜在日常的學校生活中，教導學生守時、知禮、整齊、清潔、負責、尊敬、榮譽及誠實等的重要性（Musgrave, 1978）。

當然，這並非德育的新趨勢，教師們始終試圖傳遞價值給他們的學生。必須被視為重要的新近發展趨勢，是人們已逐漸體認到：教師和學校可能或多或少自我覺察到他們無可避免地作為價值傳遞者的角色。有些教師，可能基於學校的宗旨，有意且一致地傳遞價值A、B、C；有些教師可能事實上有效地傳遞著這些價值，卻沒有自我察覺到，甚至誤以為他們實際傳遞的是價值X、Y、Z。很明顯地，教師彼此間的行為方式和對學生的態度，對於學生的道德態度有很大的影響；學校的組織、儀式和傳統也一樣能影響學生。然而，最近的理論引進「潛在課程」的觀念，使得上述原本極為平常的認識，變得相當神秘且危險。潛在課程本身的概念既模糊不清也令人混淆。「課程」的定義指涉教育活動的「意向性」計畫，而「潛在課程」如果真的是潛在的，那麼根本沒有人能夠覺察到它，更不用談做某些必要的修正。然而，這個觀念卻也讓教師和學校理解

到，他們可以運用有力的、非意向的方式來影響學生的信念、態度和行為；使得教師能反省他們作為價值傳遞者該有的角色，也將德育導引至一不同以往且更為特殊的研究趨勢。

第二節　價值中立

這個**價值中立**（value neutrality）研究趨勢起始於一九六七年成立的「學校委員會人文計畫」，負責人為史天豪斯（Lawrence Stenhouse），目的在「理解社會情境和人類行為，以及由其中產生的富爭議性的價值議題」。教師在課堂中處理爭議性問題，但他們的角色並不是提供青少年權威答案的人。相對地，教師的行動猶如會議中的中立主席，只提供各類手稿或圖繪的證據，讓學生討論如下的主題：戰爭、教育、貧窮、法律與秩序，以及兩性間的關係等。這一人文計畫的重點，在使教師避免成為道德權威，其立論基礎可從五大前提的條文中扼要觀之。

(1)爭論性的議題應該在課堂上跟青少年一同處理。

(2)教師接受以中立的規準，來進行其在爭論性領域中的教學，換句話說，教師將不增強自己的觀點視為其責任之一。

(3)爭論性領域中的探究形式，其核心方式是討論而不是教導。

(4)討論時要保障所有參與者的相異觀點，而不是追求一致的意見。

(5)教師作爲討論時的主席，有責任保證學習中的品質與標準。(School Council, 1970)

然而，這個研究趨勢雖盛行於七十年代，且在八十年代中期作過修正，其本身就像它建議用以討論的議題一樣充滿爭論性。例如，教師在課堂上保持中立的可能性，就存在著不同的意見，縱然保持中立有其可能性，但這種中立是否爲教育上和道德上可欲求的，卻也倍受質疑（例如Taylor, 1975）。這其中從德育角度反對最力的，當數瑪麗·華納克（Mary Warnock），她主張「如果教師要教導論證的話，那麼他必須是論證中的領導者」。教師必須向學生說明如何進行道德論證，如何得到結論。這在教育上相當重要，兒童不能被剝奪知道「教師是位具有道德觀點，且清楚表達其道德觀點的人」（Warnock, 1975）。

第三節　價值澄清

這個**價值澄清**（values clarification）趨勢最近在美國和加拿大相當受到重視，和上一個趨勢有頗多相似之處，如教師再度被要求應避免「道德化、批評、傳授價值、或評價」（Raths, Harmin, & Simon, 1966）。目的在於讓每個學生「接觸自己的價值，使它們呈現出來，再加以反

省」(Purpel & Ryan, 1976)。此一趨勢宣稱，藉由價值澄清的過程，價值混淆的情形會減少，生活也有了清楚的方向。這個過程包括下面幾個階段 (Raths et al., 1966)：

選擇(1)自由地選擇

(2)從許多選項中來選擇

(3)對每一個選項的結果都深思熟慮後選擇

珍視(4)珍愛、歡喜所做的選擇

(5)具足夠的意願向他人肯定地表示所做的選擇

行動(6)以自己的選擇採取行動

(7)在某些生活型式中重複地行動

為了協助評價之歷程，廣泛而多樣的教材一直層出不窮，有些已被應用於英國的課堂活動中。大多數設計使用了遊戲、模倣練習和討論。其中價值澄清活動的典型例子，是由教師向學生說明：

從你的書包裏拿出三樣東西來，代表你認為有價值的三種不同的事物，這三樣可以是任何的東西。將它們放在你的書桌上，並開始思考你將要告訴我們的有關它們其中之一或全部對你和你的價值系統之意義。(Simon, Howe, & Kirschenbaum, 1972)

但是，只澄清一個人視為有價值的事物，在道德或教育上是否足夠呢？對這個趨勢有許多反對的意見，大多是攻擊其理論所意含的道德相對主義觀點。如果某人只是極端地注重獲得價值的「歷程」，那麼「當他運用這個歷程時，

不管他獲得的是什麼價值，都無所謂」（Shaver & Strong, 1982）。或是如Fraenkel所指出，教導「自我覺察本身即是目的」，就是教導「所有價值是相等的，沒有誰比誰好，只是『不同』罷了」（Fraenkel, 1977）。價值澄清的確引起了一些關於道德價值性質的根本問題，我們在後文中會再討論。

第四節　慎思的發展

慎思的發展（development of consideration）的目的，在促使兒童「生活得更好」，採取一種慎思熟慮的生活型式，而不管「中立」或「澄清」的問題。此一趨勢是在「學校委員會德育計畫」下，由麥克費耳（Peter McPhail）領導發展出來的，也設計了許多教材，統稱為**生活線**（Lifeline）（McPhail, Ungoed-Thomas, & Chapman, 1972）。這些教材呈現生活情境中複雜性的變動程度，自家庭、學校或社區環境中的人際關係（設身處地，In Other People's Shoes'），到團體利益和權威的較複雜議題（試驗規則，Proving the Rule），至於較大的社會兩難情境，包括和平主義、種族歧視和藥物耽溺等。將這些教材由簡單到複雜加以組織安排，再用各種不同的方法來討論，如角色扮演、社會劇、劇本寫作、繪畫等，青少年會學到對他人需求和利益的更加注意，更能預測行動的結果，也發展出更好的社會關懷。

這些教材應用於中學教育十年之後，也依時代演進而更新。另外，在一九七八年增加一套名為**起始線** (Start-line) 的教材，是專為八至十三歲的學童設計，強調人際間瞭解與同理心的成長。

除了這些有趣的教學資源之外，「德育計畫」的理論基礎則受到不同方面的批評。像是慎思熟慮可當作德育的唯一目標，或道德的唯一原則嗎？此外，本計畫宣稱這個慎思原則是由一項試驗調查中，以一群青少年作樣本，用問卷調查他們認為「好」與「壞」行為的實例後，所發現出來的。但是，幾百個學童的意見實不足以用來建立一完整的道德與德育理論；因為民意調查最多只是說明大眾想的是什麼，而不是那些道德上值得欲求或稱讚的（詳細論點請參見第五章）。

第五節　道德推理的發展

近年來在道德發展的研究上，最有影響力的作品無疑地首推美國心理學家郭爾保 (Lawrence Kohlberg) 和他的同儕所提出的**道德推理** (moral reasoning) 的發展。這個研究及其在德育上的意義，本書稍後會再提及，此處僅指出郭爾保的貢獻，可作為德育的另一種研究趨勢。

郭爾保宣稱在任何文化中，個人的道德發展勢必要經由一系列的階段。吾人對道德情境的推理逐漸地複雜微妙，從**前成規層次** (Preconventional level)，依照獎懲的

結果來判斷行動的對錯；到**成規層次**（Conventional level），對於規則和權威的要求成了最高的道德規準；最後發展到**後成規或原則層次**（Postconventional or Principled level），這時關於正義和個人權利的一般倫理原則扮演最重要的角色。決定一個人道德發展的層次，並不是他判斷是對或錯的特別「行動」，而是在於他如此判斷所依據的「理由」（Kohlberg, 1984）。

郭爾保藉由分析大眾對一連串假設的道德兩難困境的反應，來說明推理的不同階段。其中最有名的例子是「漢斯的兩難」（the Heinz dilemma），探討偷藥以救人生命的行爲是否在道德上是對的。這些兩難例子可用在學校中德育教學的資源，也可用在心理學研究和實驗上，因郭爾保有一相當有趣的宣稱，認爲人們可經由和道德推理比他們高一級的人共同討論兩難困境，而「加速」他們的道德發展。郭爾保相信「加速」現象可以發生的另一個情境是在**正義社區**（just community）或「學校中的學校」（the school within a school）中，在此，教育機構已被修改成使學生能直接參與民主的決策歷程。

對郭爾保理論的反對意見很多且相當歧異（如Modgil, 1986），我們在此只須注意到這種道德教育趨勢過於強調道德「推理」的發展和加速，而這必須假設：

(1)這個階段理論是正確的。

(2)區別不同階段的推理種類，是道德與德育的中心因素。

毋庸置疑，這兩個先前假設都是可以挑戰、提出疑問的。值得注意的是郭爾保在他後來的著作中，對於他的理論在德育上的應用有截然不同以往的觀點，承認德育工作者「在學校中處理具體的道德問題時，必須同時處理價值的內容與結構，行為與推理……教育者必須也是**社會化者**（socializer），教導價值內容與行為，而不僅僅是蘇格拉底式的**發展促進者**（facilitator）。這一明顯的轉調並不為他所有的追隨者接受，但這恰也說明了德育的「道德推理發展」趨勢仍有待商榷（Locke, 1987）。

第六節　跨越課程的價值

　　這一德育趨勢可能是大多數教師比較能接受和支持的。先前討論的五種趨勢（價值傳遞或許可除外）全都意含德育在某些方面是獨特的教育工作，教師必須具有一些特殊的專業知識，在其他課程之外另行實施。但本趨勢認為「語言」遍及各學科領域的教學中，因此應該是**跨越課程**（across the curriculum）的傳授，「道德」的教導也應作如是觀。這趨勢的理論基礎是認為所有（或大多數）的學校科目早已包括了一些「道德層面」，藉由科目教學作為德育媒介，遠比單在功課表列一分離的德育科目來得更自然、更恰當。然而，對本趨勢的反對意見也提出如下說法：

(1)吾人無法保證所有教師在他們的主科教學之外會充分注意到該科的「道德層面」。

(2)有人主張德育跟其他科目一樣需要專業知識和專門的方法論，所以期望教師一律都能妥善處理課堂裏的道德議題是非常不實際的想法。

所謂「道德層面」可經由不同方式納入不同的學科中，這其中有些課程領域比其他的較有可能包含道德層面，且讓我們扼要地考慮如下一些領域。

一、宗教教育

許多教師、家長、政治人物視宗教教育具有相當重要的道德功能，宗教的教喻在歷史上經常被認為是提供兒童的道德教養的「充分」基礎。甚至，被認為是進步主義教育思潮指標的「普羅頓初等教育報告書」(the Plowden Report on Primary Education，1967)，也推薦「兒童要被教養成能夠認識和敬愛上帝，在學校環境中實踐符合他們年齡的價值」。最近，宗教教育的發展已較減少對研究聖經的強調，而相對增加兩個活動，均表現出清楚的「道德層面」：

(1)研究基督教以外的世界上其他宗教，發展對當今多元文化社會較佳的認識和同情的理解。
(2)從不同的宗教觀點來審視當前的道德和社會議題，例如，戰爭、種族主義、勞資關係、安樂死等。

二、歷史、地理與社會研究

這類教育在人際相互瞭解的領域中同樣具有「道德層

面」。歷史提供了審視人類動機和意向的機會,而地理和社會研究可說明文化和生活方式的差異。其中的道德目標,在於擴充和昇華兒童對於「人」的概念,也可能促進他們設身處地、爲他人著想的能力。

三、英文教育

特別是文學和戲劇,經常被認爲有著發展兒童的同理心和道德感的重要功能,例如,布洛克報告 (Bullock Report) ——生活的語言 (A Language for Life) 於一九七五年概括指出:

> 在英國,文學教育的傳統目標在於個人和道德的成長,尤其最近二十年來有逐漸受到重視的趨向。這是有穩定基礎的傳統,其正確的詮釋是英文教學最有力的地方。文學使兒童接觸語言最複雜和變動不居的形式,透過這些複雜性,使讀者能瞭解到其本身之外的他人之思維、經驗和情感等。使讀者能進入人類的意識循環之內,是文學最具價值之處。文學增進對他人感受的想像和洞察,提供讀者本身未曾經驗過的人類思考和意圖。文學同樣也能發展出同理心,像是雪萊 (Shelley) 所謂的:人要成就偉大和善良,必須強烈與包容地想像,要能設身處地爲他人著想,他人的痛苦和快樂要成爲自己本身的痛苦和快樂。

然而,這個報告也質疑「文學是否實際上使讀者成爲較好、較具道德感的人」,例如,山普生 (Sampson) 在該

報告的五十年前（1921）就曾主張過——向兒童朗讀某些詩人的作品，並不就是要使他們都成為聖人。

四、科學

科學也被視為另一具備道德層面的課程領域，因為無可置疑的，科學發明和技術發展確實引起一些嚴肅的道德問題，例如，教師能夠教授核子物理而忽視核能使用的道德議題嗎？生物教師能夠避而不談基因工程的道德問題嗎？就許多科學教師而言，上述兩個問題的答案都是肯定的，他們主張科學是完全價值中立，只有科學知識的「運用」才會產生道德爭議，而非科學活動自身。另一方面，也有日漸增多的科學教師不做這麼嚴格的區分，相對地，他們認為教育有義務來處理教學科目所包括的道德涵義。

第七節　個人與社會教育

這一目前相當盛行的主張係附加於許多學校的課程之外，不僅僅被視作德育的一種趨勢，還被當成德育的**同義字**（synonym）或甚至是德育的**婉語**（euphemism）。實際上，它包含上述介紹的六種趨勢任何一個或全部的主張；就今日的教育情況來說，「個人的」和「社會的」這兩個形容詞比起「道德的」更易為人接受（然而，本書還是要強調「道德的」一詞較不會有教育上的混淆）。之所以有這種語言上的轉變，部分源自某些教育的報告書，例如，一九

七九年的《中等學校調查》(*the Secondary Survey*) 用了一專章說明學校應該設計些有益於「個人與社會」發展的課程,一九八〇年的「課程觀點」(A View of the Curriculum),認爲廣義的「個人與社會」發展是課程的一主要變革。

然而,正由於「個人與社會教育」一詞過於模糊,且似乎無所不包,免不了地也有著許多的問題,如普林格 (Pring, 1982) 很適當地指出:

> 假定英文教師介紹「仲夏夜之夢」,歷史教師處理內戰的社會結果,宗教教師解釋各種不同的宗教理念,家庭導師協助學生度過情緒困難期,體育教師說服橄欖球隊員面對他們的強大對手時咬緊牙根;這些教師都理直氣壯地宣稱有益於學生的個人與社會發展。然而,我們如何能從這麼廣泛的教室活動和教學目標,及其包含的技巧、態度、習慣和價值等,找出協調一致的課程涵義呢?

實際上「個人與社會教育」的最大問題,在於它意欲達成某些目標的觀念,既失之於廣泛又流於狹窄。所謂其觀念過於廣泛,是因其必須同時既是「個人的」也是「社會的」:個人的意含係指教育必須「改變」個人,特別是個人的態度、信念和前途設計;社會的意含則指教育是在社會的脈動中,並要實現多種不同的社會目的。另一方面,這個觀念又流於狹窄,無法標明出其中心的道德要素。下述的例子可說明爲何本觀念無法標明道德要素。

個人與社會教育的規畫強調要發展學生的「個人與社會技巧」、「自我認識」、「社會意識」、「生活技巧」以及其他聽起來頗為動人的目標,而未曾理解到這些目標要成為可接受的教育目的,必須有明顯的「道德」基礎,例如,殘暴的獨裁者、善於利用他人的政客,及狡猾自信的騙子等,將會在上述目標獲得頗高的分數,因為他們之所以成功,在於具備著個人與社會的技巧、知識及自我覺醒的意識。上述的獨裁者、政客和騙子當然不是個人與社會教育想要培養的,卻無法將他們排除於個人與社會教育的可能結果之外,除非我們不要羞於使用「道德的」一字,並承認個人與社會教育是實實在在地朝向特別的個人與社會的目標——道德上可欲的目標。這些目標無可避免的表達特定的道德價值和強調某些道德優先性,當然價值和優先性都可進一步討論,而非絕對無誤的。

再舉一個最近的例子來說明「個人與社會教育」這一術語可能產生的混淆。像提倡本教育觀的文獻之一《發展兒童的社會覺察意識》(Goodall et al., 1983) 的工作手冊,根據一群教師的經驗寫成,並普遍為本領域的在職教師採用。這本工作手冊開宗明義就提問:「何謂社會覺察?」並藉由回答這個關鍵問題,建議:

> 一個社會覺察的小孩,是合作的,分享的,自我控制的,具良好的自我概念,關心財物和自然環境,表現出同理心,知道其行為會影響他人,能考慮他人的意向。

但是，上述的特點並不是「社會覺察」真正指涉的。如果我們真的要依照正常的語言用法，一個社會覺察的小孩，是指察覺及理解社會的力量、因素和條件等，他要瞭解到人類用許多種方式互動而不是像疏離的個體那樣運作。這類的覺察並不代表這小孩就是合作的、能跟人分享的、自我控制的及其他；他也可能是自私的、暴躁不能容忍他人的、貪心的，及不具同理心的小孩。

　　因此，這本工作手冊所建議的定義，並不是在**描述**（describing）何謂社會覺察的小孩，而是在**規約**（prescribing）社會覺察的小孩「應該」是如何如何（根據那些提供定義的人的想法）。一組道德價值和優先性被偷渡進定義中，而沒有察覺到它們實際上是「道德的」。不管大多數人可能會贊成這些價值和優先性，它們還是會被挑戰和質疑的。

　　所以，個人與社會教育並不能單憑不談「道德」一詞，而避免道德教育引起的眾多問題。那些關注個人與社會教育的主張，最少注意到這個領域中的方法和內容的課程問題，但是教師和教育理論家也可能因使用這個術語，而誤以為他們不再需要面對「如何教導兒童成為好孩子」的工作。

　　普林格對於個人與社會教育的質疑，即如何找出「協調一致的課程意含」，也能適用到本章提過的那些趨勢。這些趨勢之間如何能找出其**協調一致**（coherence）的地方呢？它們有共通的理論基礎、目標和目的嗎？或者，它們各自代表一種對兒童道德發展的假設，或彼此不相關甚至

不相容的道德概念呢？是否這些趨勢都真的跟德育有關？面對這些問題，最少像本節提及的不同教育建言、發展和實踐等錯綜複雜的集合，在在驗證了一位在本領域享有盛名的作者的觀點：「道德教育是無任何事物得以釐清的名詞」（Wilson, 1967）。然而，從本章可清楚看出傳統上對教育之道德元素的重視，在目前教育理論和實際的許多層面中仍相當明顯。可是現今的教育情況還是一片混亂，我們在下章中將更仔細地探究「道德」與「好」（goodness）的意含，以消除其中部分的混淆。運用柏拉圖的策略，對「德性自身和它的主要性質做決定性的攻擊」，繼之討論德性是否可以教的問題。

第三章
什麼是好？

　　我們是否能夠教導兒童做好孩子的問題，比初探時還要複雜。之所以複雜是因為這個問題包含兩方面的因素，必須在回答之前先予分別地考量：一是所謂「好的」是指什麼？「好」（goodness）又包括那些東西？二是如何能夠將「好」教給兒童？這兩個問題已在第一及第二章中有所說明，但現在必須開始深層地更仔細檢討它們，注意它們引起的不同議題和哲學家及教育理論家對它們廣泛不同的意見。只有在弄清楚它們的基本性質後，我們才能冷靜思考，並提供這一問題的合理說明和可以理解的回答。首先，讓我們看看當提到使兒童成為好孩子時，這個「好的」之可能解釋。

第一節　好與道德性

　　有關「好的」（good）和「好」（goodness）（或「善的」和「善」）的意義，事實上無法用簡單幾段話來正確說明，畢竟哲學家和其他理論家幾世紀來對這主題的思考作品早

已汗牛充棟。因此，我們必須選擇並限定在直接有關兒童行為及德育可能性的哲學問題上，只針對它們在「好」或「善」的分析瞭解。

首先，也是最明顯的觀點認為「好」是一非常平常的字詞，而只有其中特定形式的「好」才需加以注意。大家可能在不同場合、不同考量下稱讚某人或是某小孩很「好」，像是好的交際人員、好的配音員、好的運動員，或是好學生等，這意謂他們達到了某些要求的成就標準，或是對某些活動很熟練，於是被判斷為能做「好」這些事。可是，我們想探究的是關於「好」的典型，是「道德的」好，雖然這也包括要能達到某些既定標準，但是說某人是道德上的好人，並不像是說某人是好棋士或好技工那樣能做好他們份內的工作。雖然這類型的好也值得探討，如有些哲學家和教育理論家嘗試將道德的善（即「好」）分為可以辨別的道德「技巧與能力」（像是可以分辨出好壞高低）。然而，在日常語言裏，說某人是道德善良，跟說某人善於某些活動是有著不同的涵義；道德的善毋需進一步闡釋，善於某些事則需說明能做好什麼，例如，假設你說小芳是個好女孩，或是說她今天很好，而我卻問說：「哦，是的，但她能做好什麼呢？」你可能會覺得很訝異，因為你指的是道德上的好，而我的問題就顯得既奇怪又不恰當。道德的好是自我包容、自為目的，即「好就是好」，而不用追問能做好什麼。

當然，這並不表示我們不能找出理由來說明為何我們認為某人是道德上的好人。這些理由可能五花八門，問題

是何者可以接受、而何者不可接受爲道德上好的標竿。以下且舉一些例子來說明那些對其小孩的好引以爲傲的家長或教師所宣稱的理由：

(甲)小娟是個好女孩，她很聽話，總是照著吩咐來做。

(乙)小強是個好男孩，從來不會爭論或頂嘴。

(丙)小姬是個好女孩，她總是熱心幫忙那些有麻煩的人。

(丁)小森是個好男孩，當他感覺到做錯事時總是很擔心。

(戊)小珍是個好女孩，從來不會在主日學缺席。

(己)小傑是個好男孩，從未出事給警察製造麻煩。

(庚)小瓊是個好女孩，從來不會不做家庭作業。

(辛)小信是個好男孩，當有人不快樂時他都會焦慮。

(壬)小君是個好女孩，她能不假思索地做出對的事情。

(癸)小展是個好男孩，他心地善良，只不過時常受人唆使做壞。

(子)小妮是個好女孩，凡是她認爲義不容辭的事情，一定全力以赴，否則絕不罷休。

以上十一個孩子都被形容是道德上的好孩子，這其中有什麼共通之處呢？從證立的理由詳細來看並不多，不過，這些例子都告訴我們一些孩子的事實，並且暗示地賦予這些事實道德價值或美德，因而下結論說這孩子是好孩子。那些家長及教師全在描述某些特定的狀況，同時表示

嘉許之意，這正是日常生活中我們進行道德評價的一部分。但是，上述例子是否都夠資格說是道德好的例子呢？當然並不是「任何」我們嘉許或稱讚的行為都能正確說是「道德的」行為。例如，我可以贊成或恭維甲的高爾夫球打得好，乙的登山技術好，丙的攝影技巧高超，而不用帶進任何的道德評價。我們必須先決定這個行為是否有任何的道德意義，它是否對道德議題作任何的道德考量，才能說這個行為包含道德的善在其中。譬如，我們說某人科學成就超凡，必須先確定他真的參與科學工作；推崇某人具歷史洞察力，必先確定他正在研究歷史。在吾人應用適當標準並做適當評價之前，必須先劃分界定清楚該當事人活動及關注的領域。因此，要說明某人的道德性，我們先要確定那人是在道德範疇中，做身為**道德行為者**（moral agent）做的事。但在上述例子中，我們並不是很清楚兒童們是否正如此做。

顯然，我們必須先解讀所謂「在道德範疇中做身為道德行為者做的事」的涵義，才能對兒童道德的好做任何評量。在此很重要的是要能抓住一個關鍵性的區別，這在前述討論中已隱約可見，若是忽視不顧將帶來所有可能的混淆。

「道德的」一詞有兩種不同的用法：一是實際上相等於「道德上善的」，亦即賦予某人的行動、意向、決策及決定等某項特別的價值及標準，並對這些表示嘉許。這種用法是將「道德的」作為「評價的」意思，上文中從（甲）到（子）的例子，說話的人都是如此使用，並透露了他們

自身的部分價值觀和優先性。事實上，每一個例子的「好」孩子都可改為「道德的」孩子，因這些說話的人全都是在作價值判斷，這樣他們不但告訴我們兒童的某些行為，也同時告訴了我們有關他們自己的價值觀：即他們贊同服從、不惹麻煩、幫助他人等等。

其次，「道德的」也可用於「描述的」**意含** (descriptive sense)，其作用僅僅在描述像我們提及的「道德範疇」，亦即一包括議題、相關、活動的特別範疇，能夠跟其他像科學、藝術、政治、宗教的領域區分開來。究竟道德領域的可區辨特質是什麼？這個問題並不容易回答，不過本章及以下各章會有較多的探究。不管怎麼說，我們接受有道德範疇的存在，並與**非道德** (non-moral) 範疇相對。以性教育為例，男女性關係跟道德有關，而懷孕的發生則是非關道德的問題。按其描述的用法，「道德的」一詞僅在界定道德行動可以發生的範圍。

要進一步說明「道德的」這兩種意含如何運作及被混淆，我們可再回頭看看上述的例子。在甲例中，小娟是個好女孩，她總是依照吩咐做事。如果詢問這說話者，他無疑地會同意他指的是「道德的」好，所以小娟實際上是在「道德的」評價意含下被稱讚，因為她總是聽話做事。然而讀過本書第一章的人，瞭解僅只是服從並無關道德，可能會質疑：「聽命行事怎會是道德的呢？」這並非暗示他是道德上「不贊成」聽命行事，或是他主張服從是**不道德的** (immoral)（評價用法），而是主張服從是「非道德的」（描述用法）。就像能夠聳動耳朵或倒背英文字母一樣，都

是非關道德的事情。

目前許多關於德育的爭論正是由於混淆了「道德的」一詞的兩種不同意含。例如，那些支持「道德家的論證」的人，傾向於單獨將「道德的」應用在評價意義中，以致假定德育的目的必須是使兒童產生成人認可的道德良善的行為。依這種評價的解釋，如果教師相信所謂道德上的好是指無時無刻都遵循成人的指示行事，且毫不質疑；那麼德育的目標之一就必定是使兒童達到這種行為，並視作教學成效的指標。相反地，如果視「道德的」為描述用法，那麼德育變成不同目標的不同活動，其目標將只是介紹兒童認識道德運作的道德領域。依這種描述的解釋，德育的成敗將在於兒童是否更能察覺道德範疇的存在，即他們對道德議題和問題的理解是否增加，對道德論證和道德語言的掌握是否改善。總結來說，德育可被（評價地）視為在規約某特定觀點，或（描述地）引導兒童瞭解新經驗領域中的複雜性。所以，我們可以想像那些參與討論德育的目的或方法的人，若個別按照「道德的」之不同意含來爭論，將無法很快地得到結論。本書第二章中討論過的那些研究趨勢就是落入道德教育非此即彼的範疇裏。像是價值傳遞和發展慎思的趨勢大部分是評價的，而價值中立和道德推理的發展等趨勢就主要是描述的。

至於道德教育究竟要採用評價的形式或描述的形式，或是兩者兼具呢？這個問題目前宜保持開放。不過，如兩種方式都要推行的話，描述的觀點必須優先於評價的觀點，因後者大都依前者而定。我們必須要首先大略瞭解何

者能夠（描述地）算是道德問題，才能夠（評價地）對什麼是道德上的好或壞作首尾一貫的判斷。同樣地，兒童必須先明白道德運作的特性及範圍後，對於我們向他們推薦的特定道德的好的事例才能接納。例如，如果兒童不明白遵守諾言是怎麼一回事，也不知道它涉及的道德涵義，那麼再怎麼教誨他們要遵守諾言將是徒勞無功。

所以說，如果我們想進一步探究何謂**道德上的好**（morally good）及何謂道德教育，就得從分析「道德」這字詞的描述意含著手。我們必須弄清楚道德的性質後，才能考慮是否教導兒童某事甲比之某事乙在道德上較好或較壞。實際上，我們很可能發現「道德」的這兩種用法息息相關，因為許多人對於什麼是（描述地）構成道德的性質意見紛歧，而這些歧異的觀點又往往導致對什麼是道德上好或壞作截然不同的判斷。

探究什麼是道德的性質主要是道德哲學或倫理學的工作。哲學的主要功能之一，是退一步地思考某些活動或研究的領域（如道德、政治、教育、科學、宗教、歷史、心理學、藝術等），並質疑它的特質或特性。質疑某領域的界限何在？（如某宗教問題何時成為道德的議題？）用什麼來區別不同的領域？（如科學的判斷跟藝術的判斷有何不同？）在某一領域中如何進行論證和推理？（像是如何建立及測試教育的、科學的或歷史的理論？）某領域的語言和概念是否獨特？又如何運用它們？（像道德領域中的概念「責任」、「權利」、「義務」等意指什麼？心理學中「驅力」、「階段」、「自我」等又意指什麼？）

因為哲學經常**退一步**（stand back）來分析，所以有時候又被稱為**次元活動**（second-order activity），意思就是說哲學的運作經常寄生於某些既存的學科或活動上。例如，沒有科學、科學家、科學知識、科學理論和科學步驟等，就不可能有科學哲學，不可能有質疑科學性質的次元問題，因為缺乏了可供質疑的**基元**（first-order）科學活動。另一種對哲學較有幫助的描述，稱之為**邏輯地理學**（logical geography），亦即，哲學探究某個領域，藉由尋繹出該領域的邏輯特性，來試著用畫地圖的方式標出其範圍及輪廓。這些基本的特性，標明出這領域跟其他的領域有所不同。例如，所謂「科學的」研究即指運用控制的實驗來測試假設以求解決問題，而非去諮詢占星家或先知。

因此，哲學家對於「道德」及「道德教育」的描述意含應該能有所說明，而在達成能否教導兒童成為好孩子的結論之前，我們必須分析、澄清這些說明。道德哲學本身即履現了「次元」功能，亦即退一步思考和研究道德判斷和行為、道德推理和論證，以及道德原則和概念等活動中獨具特色的性質，試著圖繪出道德的邏輯地理。

究竟道德哲學家能對道德的「邏輯地理學」提出什麼說法呢？事實上，哲學家很少對任何事有一致的意見；對於衝突的見解有所爭論或反對，是哲學活動的本質。然而，就像其他的領域，有些觀點或結論是一般較可接受的。我們可從這些對道德性質有較少爭議的主張開始討論，最後再探討到比較具有爭論性的議題上。所謂「較少爭議」並

不指全無異議，哲學家總喜歡挑戰既存的、正統的觀點和理論，這正也是哲學進步與發展的途徑。無論如何，受限於本書的主題範圍及範幅，能深入討論的論證只能是有限的。讀者千萬不要認為本書的任何主張就是最後的、無可挑剔的、正確的答案，這樣就背離哲學的本質了。像本書最後所建議的進一步閱讀資料，很快地會證明這一點。

第二節　道德中較少爭議的性質

這些性質中的某些在本書第一章討論「道德家的論證」時已略微提到。上文中說過，道德行為不能僅僅是服從某些權威的命令，因為道德不能被等同為聽命行事。這並不是說不服從或反叛才是合乎道德，因為很有可能吾人會尊敬某權威，係由於我們判斷該權威可提供可信的和明智的指導，但這樣做跟盲目的服從或信服有著天淵之別（這將在第五章第一節更進一步說明）。然而，某人如果「僅僅是」聽命行事，而沒有自我獨立判斷，那麼他並未進行道德的運作。要正確說明什麼形式的獨立判斷是吾人所需要的，頗有可議之處，但儘管如此，要作這類的判斷必須引進道德行為一般能可被接受的另一特質——**選擇的自由** (freedom of choice)。

如果吾人做某件事，並非是自由選擇的行動，那麼吾人並不是道德行為者。縱使吾人行為的結果被普遍同意為好的，但因該行為是被強迫的且無可避免的，它因此不能

（描述地）算是「道德的」。例如，有個解救饑荒組織的狂熱支持者，使用藥物或催眠手段來強迫我簽下一張一百萬元的支票（這樂捐可產生減輕許多人苦難的「好」效果），但我的行爲並不因此屬於「道德的」範疇，因它不是自由意識下所實現的。再舉一個例，我過馬路時意外撞到一位盲人，並很湊巧地使他避開一輛衝撞過來的公車，如此，由於我的莽撞而救了一條生命，但也不能說我是道德行爲者。

　　　如果我們接受自由選擇和獨立判斷（雖然兩者有時不易界定）是道德行爲的兩個必要因素，那麼我們不能單憑某人的外在行爲來決定他是否道德地行動，因爲這兩個因素經常不是可以觀察得知的。在上述例子中，我填寫支票給慈善機構的行爲，以及撞到盲人使他避開危險的行動，並不必然就是道德的行爲，端視行爲發生時的情況而定。我的行爲是否道德或非道德的特別相關條件是我的「意向」、「理由」和「動機」，因此**非意向的** (unintentional) 行爲只能說是非道德的。相同的外顯行爲可能有許多種不同方式來解釋，因爲隱藏其中的理由和動機可能有很大差異。例如，某位女學生在放學後自動留下來將教室打掃乾淨，可能係基於許多不同的理由，有些是道德的，有些則是非道德的。她可能對雜亂的教室感到不滿，她可能想要表達對老師認眞教學的謝意，她也可能迷戀該科教師，甚至她也可能在尋找機會偷竊東西。我們如不知道她行爲背後的原因，是很難將該行爲歸類爲道德的或其他。

　　　哲學家可能一致同意道德行爲背後必須有某些特定的

理由與意向，但他們很少認同究竟應該是那些理由與意向才是道德與否的依據。這個爭論的領域在下面兩章中將更為明顯。這其中較無爭議的宣稱是（許多非哲學家視為常識）：雖然具有某些意向與動機是成為道德行為者的必要條件，但並不能充分的來建立道德行為，因為這些意向與動機還必須引導一個人實際地履現適當的行動。道德本身的定義就是**實踐的**（practical）事務，基本上係探討什麼是應該做的，去做什麼才是對的。對於道德問題或道德兩難困境，只在純理論上尋求答案並不能算是道德的，還必須依照所得到的結論來一致地行動。道德判斷和道德行動之間的關係相當複雜，留待後面討論，但顯然地，所謂道德不僅涉及個人實際的行為表現，也與個人的思考有所關聯。

以上對道德的一般特性之扼要說明，是大多數哲學家會同意的，但並未給予吾人太多指引，這主要是因為這些特性本就很平常，因而無法顯示任何有關德育領域的特殊卓見。同時，這些特性也只提供道德的「必要」條件，而非「充分」條件。換句話說，某人的行為要算是道德的話，則必須具有這些特性；但它們並不能充分地區分出道德和非道德的行為。許多自願、意向的，本於獨立判斷和理由的行動，並無法被檢證為道德的，這一點尚需詳加說明。

在這之前，我們必須先來考量迄今所討論的道德概念之涵義。我們大略舉出的這些道德特性，雖然不很特殊，但已足夠用來將某些行為排除在道德的領域之外。如果我們回頭來探究前節引述的十一個例子，看看它們如何達到

這些一般性的道德要求，將更容易瞭解那些被排除在道德領域之外的特定行為，意即，如果它們在道德的描述定義之下，仍不能被檢證為道德的，它們更不用被考慮為（評價的）道德的善了。

　　例（甲）中的小娟總是照著吩咐來做事，並不能算是好女孩，因為她只是別人說什麼她就做什麼，而沒有嘗試獨立的判斷。例（乙）中小強從不爭論或頂嘴，也不能據以認定就是好男孩，還須瞭解他「為什麼」的理由。他的溫馴可能是因為大腦受創、心智未充分發展、自卑或害怕受到懲罰的結果，這些理由都不能使小強的行為被視作道德。同樣道理，例（戊）中小珍上主日學從不缺席，例（己）小傑從不給警察添麻煩，例（庚）小瓊從未不做家庭作業，甚至例（丙）小姬總是熱心盡力去幫助需要幫助的人，都有待我們先查明其背後的動機何在，才可據以判斷他們是不是好孩子。單憑外在的行為絕無法提供充分的證據，我們對這些小孩行為背後的理由及發生時的情況，都要詳加瞭解。例如，小珍可能毫無想像力，使她在星期日早晨除了去上主日學之外，不知做什麼才好。又如小傑可能善於逃離犯罪現場，不為人知，卻讓他的同夥去背黑鍋。至於小瓊每晚按時做家庭作業，只是因為她的父親總是手拿藤條在背後監督。又或者小姬是牧師的女兒，不得不做各種慈善的工作，以維持良好形象。

　　例（癸）中小展的情形是一個不同的問題，他心地善良卻又時常受人唆使做壞。可是，如果他時常誤入歧途，一而再、再而三地，我們又如何知道他真正是心地善良，

而非僅僅是口頭上宣稱他本善的意圖？我們要接受在他的善意和實際行爲表現之間的落差多少次之後，才能歸結說他要不是意志薄弱就是不誠心誠意，而並不是一個好孩子呢？同樣地，例（辛）中的小信若只是在別人不快樂時感到焦慮，例（丁）中的小森也僅止於難過內疚，而這些感受並沒有促使他們積極地去做某些事來補救，那麼也是不能充分地說他們就是好孩子。

例（子）中小妮總是做她認爲應該去做的事，而避免上述光知不行、光說不練的批評。不過，我們可能想要知道，她認爲應該要做的究竟是那一類的事情，以及爲什麼她會如此認爲。譬如說，她決定將腳趾甲塗成紫色，或決定偷竊足夠的錢來買比她的朋友還要時髦的衣服等，跟道德判斷的運用是不相干的。最後，例（壬）中的小君引發的又是另一個問題，她可以不假思索地做出對的事情。然而，除了判定她如何知道什麼是對的有所困難以外，「不假思索」能夠跟必須運用獨立判斷的道德要求和諧一致嗎？道德行爲能說是純粹習慣反應、不用反省的嗎？

當然上述的所有例子還可以更深入地加以討論，不過，光是藉由我們迄今發現的道德的一般特性，來對它們作初步反省，就已足夠讓我們懷疑是否許多兒童被視爲「好的」行爲眞能夠實際符合「道德的」行爲。

雖然對道德的性質之扼要探究中已包括了基本的起步工作，但仍然還有很多論點有待澄清。我們在本章中已警告過不要誤解哲學家對道德性質的主張是一致無異議的，現在我們必須做的就是，檢查那些對道德性質持更爲特殊

且衝突的觀點。直到目前，我們儘量避免提及個別的哲學家或某些特別的哲學理論，使讀者在最少的干擾下直接掌握基本的問題。但是，若要進一步地探討，無可避免地要注意哲學家彼此之間最激烈的爭議，及其對吾人研究課題的重要涵義。

第三節　道德的形式與內容

　　界定道德領域的哲學嘗試，通常可分為兩個較廣的範疇：一是關注道德的**形式**（form），一是關注道德的**內容**（content）。這個區分是很重要的，且將據之作為下列兩章的基礎。首先，讓我們用一個類比的例子來說明其間的區別。

　　假設有人問你：「科學是怎麼一回事？」「科學與眾不同的是什麼？」「所謂『科學的』是指什麼？」對於這些問題，你可能有兩種不同的回答。一方面，你可能說：「科學是探討有關這世界和宇宙的物理結構，它的特色在於它基本上探討物質如何作為，科學的知識就是如此。」另一方面，你可能說：「科學是一種特別的探究方式，先提出理論與假設，再用實驗的實際結果來檢驗它們，這種方法正是科學和科學的工作與眾不同的地方。」

　　第一種回答是根據科學的「內容」來界定科學，亦即，描述它典型處理的主題內容，及其與別的學科的不同之處，例如，數學主要在研究數字和方程式。而第二種回答

卻不涉及內容，根據科學的「形式」來界定科學，亦即，根據它運用的方法、步驟及推理方式，以區別其與別的學科的不同處。再以數學為例，數學的方法並不包括做實際的實驗來檢驗假設，而是運用抽象的符號及從公理來演釋。值得注意的是，這兩種對科學的不同定義會產生對「科學教育」的不同解釋。按內容來界定科學的人，會把科學教育的功能視為傳授特殊的主題和鐵一般事實的集成，包括科學家的發現和結論。另一方面，依形式來界定科學的人，則會認為科學教育在於啟發學生以科學方法來思考的方式。

這個形式和內容的區分，可同樣地應用到道德的領域。一方面，有些人會按照內容來界定道德，道德議題即依此來處理特別的主題，例如，追求正義、考慮他人利益、促進人類幸福與福利等。另一方面，有些人試圖依照形式來界定道德，即以形成道德判斷及獲致結論的方式，作為道德與否的依據，例如，訴諸一般、普遍的原則來證立某人的行動為合理、合正當性；只有依此方式來推理才可說某人是合乎道德的。正如科學的例子，這兩種對道德的不同觀點導致不同的教育意義。持內容觀點的人，認為德育基本上是傳授一明確的主題內容，以及如何對待他人的特殊規則和訓誡等（如價值傳遞說）。持形式觀點的人，則強調兒童要成為受過道德教育的人，必須學得特定思維與推理的方式（如道德推理的發展說）。

如果我們想要對道德與德育的描述觀點有更清楚的瞭解，那麼這一「形式與內容」的區分就值得更仔細探討。

然而，這個區分比我們所看到的更爲複雜，因爲這兩種觀點都有著許多不同說法的描述，使得兩者之間迭有爭論以外，各自範疇內也有著不同的爭議。有時，要判定某特定的道德主張是基於形式或內容也不容易。雖然如此，這個根據內容或形式的分類，仍然在哲學上佔有著相當重要的一席地位。以下兩章分別探討它們對道德和德育觀點的適當與否；直到最後一章才爲我們是否可以教導兒童成爲好孩子的根本問題，提出適切的結論。

第四章
道德與德育的形式

　　描述**道德的形式**（form of morality）有好幾種不同的方式。有些哲學家著眼於建構道德陳述句的語言型式，致力分析語言的規則和結構。有些主張道德語言有特別的功能，是用來達到某些特別效果。另一些思維學派則認為作道德抉擇時有特殊與眾不同的特性。還有另一種研究趨勢致力分析達致道德結論時所用的確實推理方法。本章將深入探討這些不同的理論，以及它們所蘊含的各種德育主張。

第一節　規約主義

　　當代牛津大學哲學家黑爾（R. M. Hare）是分析道德的形式特性的典型人物，他的倫理學理論經常被稱為**規約主義**（prescriptivism）。黑爾為吾人的研究提供一個非常好的起點，他甚且對於規約主義在教導兒童道德上的涵義，有著詳細的說明。

　　黑爾的一本深具影響力的著作，如其書名給予我們有

關他對道德及其特性的主張之線索。這本書即是《道德的語言》(*The Language of Morals,* 1952)，視道德爲一種「語言」。語言有自己的形式與結構，由互相關聯的字詞和概念組成，可以正確或錯誤地運用，用前文介紹過的一個名詞來說，語言有自己的「邏輯地理」。依黑爾的分析，道德也正好在這些方面如同語言，我們要瞭解道德的意義，只有藉由探究**道德論辯的形式** (form of moral discourse)，換言之，研究道德的語言。

　　道德語言的主要特徵有那些？它的語法規則又是什麼呢？首先，黑爾指出道德語言有**指導行爲**(guide conduct)的特別功能，這也是規約主義一詞的源由：「道德的語言就是一種規約語言」(Hare, 1952)。例如我們說孝敬父母是對的，如果這個判斷要算是道德判斷的話，則它必須告訴聽者去做些什麼（應該孝敬父母）。這就是說，道德語言的作用不是在告訴我們關於這個世界的事實，即使有時候它會傳達一些事實的資訊，也具有黑爾說的**描述意義** (descriptive meaning)：「如果有人說某位女孩是個好女孩，我們即能夠依此來描述她是怎樣一個人。」(Hare, 1952)。無論如何，道德語言的獨特功能，不是提供像科學語言那樣「描述」何者是眞或假的答案，而是提供該做什麼的「規約」答案。

　　因此，道德語言必定要跟人們的行動有密切關聯。黑爾指出：如果我們要問某人什麼是他的道德原則，最可靠的方式就是研究他「過去做的是什麼」。黑爾的論證自是長篇大論，我們大致上可扼要整理如下：假設我形成一個判

斷「我應該孝敬父母」，那麼要使其成為一個「道德」判斷，必須我跟自己下一個規約或命令句「讓我孝敬父母吧！」然後**真誠的贊成**（sincere assent）該規約語句，最後在我個人（心理與生理）能力範圍之內依循該規約來「行動」，也就是實際地孝敬父母。所以說道德語言的規約性強調道德的實踐性質。

　　但是黑爾並不同意任何可指引行動的規約語句都算是道德判斷，而這就要加進道德語言的第二特性。我下的道德判斷，以及我在某一情境下贊同的祈使語句，必須要在「任何相同的情境」中再重做一次；因為，道德判斷除了是規約的之外，也是**普遍的**（universal）。事實上，這兩個特性是一起運作的。譬如說，小唐抱怨小積不肯讓別人玩他的新玩具是很不公平的，而按照黑爾的理論，這個抱怨包含一個「道德」判斷（有別於僅僅是小唐失望的陳述或對小積的憤怒），也就是小唐要準備「普遍化他的規約」，將同樣的規約「與他人分享玩具」應用到任何人身上，即使換了是他有新的玩具，而任何人包括小積想分享他的玩具時，也要真誠的贊成「與他人分享玩具」的規約。

　　對黑爾來說，這兩個特性——「規約性」與「普遍性」的結合，使道德語言有了「既嚴格又素樸的簡易性」。為了要正確地運用這種語言，身為道德行為者必須要決定何種行為是他確實要遵守的，且同時「接受為在同樣情況中任何人也要堅守的行動原則」（Hare, 1963）。這個道德觀點跟十八世紀的德國哲學家康德的主張有很多的共通之處，康德主張**無上命令**（categorical imperative）的道德公

式：「你必須依照箴規而行，且此箴規可同時意欲其成爲普遍的定律。」（Paton, 1948）黑爾的說明類似於康德的無上命令，但更清楚、更直接地釐清道德的純粹「形式」之面貌。

當然，黑爾的理論受到相當重視，自也像其他有重大貢獻的哲學一樣，引起許多的討論和批評。大部分批評集中在他所建議的道德語言的兩個特性上，認爲它們並不能完成黑爾宣稱它們可以達成的任務。

一方面，有人指出其他類的論辯形式跟道德一樣具有這兩個特性。例如，關於如何建造大樓的實務判斷，如何繪畫的審美判斷，下判斷者經常如此規約，且願意如黑爾描述的那樣普遍化這些判斷，但這並不能充分地使大樓建造或繪畫設計自動成爲「道德」的事務。反對者主張黑爾的理論只不過指出在考慮行動時怎樣才算是「邏輯上一致的」，但這樣做並不能幫助我們區分出道德這一特殊領域。因此，反對的意見否定黑爾主張的特性，可作爲道德語言和判斷的「充分」條件：它們自身並不包含足夠、正確的定義，以排斥它類的語言和判斷。實際說來，僅僅是規約的普遍化無法排拒任何東西，至少理論上我們很有可能意欲某些奇特規約的可普遍化，像是每個星期二要穿紅色襪子，雙魚座的人永遠不能種防風草等，若是描述爲「道德的」判斷，則不啻過於荒謬。

另一方面，有些批評者質疑它們是否可算是「必要」條件，換句話說，是否所有的道德判斷必須具有這兩個特性？以規約性爲例，道德語言似乎並不是只有規約行動、

告訴他人如何去做的功能。正如挪威爾——史密斯（Norwell
—Smith）指出，道德語言可以扮演許多種角色，如「表達
品位和喜好，表明決定和抉擇，批判、評審和評價，忠告、
訓誡、警告、說服和勸阻，讚美、鼓勵和責備，宣傳和使
人注意規則，以及其他目的等等」（Norwell-Smith,
1954）。在上述大多數例子中，道德語言都以某些方式關聯
到行動上，但其間的關係並不像黑爾建議的那樣直接。

　　類似的懷疑也指向普遍性是否可以作為所有道德判斷
的必要特性。主要的問題是如何正確地運用及說明這個觀
念，如何決定某個情境「類似」另一個情境。沒有兩個情
境可以說在所有方面都是相同的，問題是它們必須在什麼
方面相似才能算是類似，以要求被普遍對待呢？然而，普
遍性在實際上是個很難說明的要求，這一單純的事實並不
意味黑爾視其為道德的必要元素就是錯誤的。

　　另一個關於黑爾規約主義的問題，是它過於要求道德
判斷的決定和實際的履踐之間要有很密切的關聯。在上章
曾提過道德的重要意含之一，乃道德是實踐的事務，與應
該去做什麼有關；而如果某人總是不能去做他認為應該要
做的事，我們會開始對他是否是一個道德行為者有所質
疑。但是，黑爾極端地主張如果吾人不能依照所下的判斷
來行動，那麼吾人根本就不是在作道德判斷。此說似乎忽
略道德的另一個獨特性質——知易行難。假設有位教師相
信：在課堂中使用諷刺的手段以維持秩序和懲罰不當行為
是錯的。然而有時候因為學生的激怒而使得他產生強烈的
諷刺傾向，這時他諷刺學生的行動又讓他感到極端罪惡和

懊悔，相信自己做錯了事，並決定以後在課堂上不再冷嘲熱諷；只不過他內心明白在情緒最激動時，他可能無法信守他的決定。按黑爾的觀點，這位教師在對學生冷嘲熱諷之前和之後的判斷，均不算是道德的，因為這教師並未依據判斷來行動。可是，這類情境在每個人的道德經驗中都會碰到（或許聖人除外）。黑爾對真誠的道德判斷可能有時候無法履踐的情形持否定的觀點，也就是在排斥**道德薄弱**（moral weakness）的可能性，亦即吾人可能會無法去實行吾人真正相信自己應該要做的事（Straughan, 1982）。而這也忽視道德的另一特性，正如庫柏（Neil Cooper）指出的：「在道德的原則與實際、理念與實現之間存有一道鴻溝，這鴻溝的存在是道德生活的一個特性，而且優先存在於原則和欲望的行動之間。」（Cooper, 1971）

　　黑爾在他晚期的著作中嘗試說明他對道德薄弱的看法，此處限於篇幅無法詳細地探討他的論證。不過，有兩點仍然值得注意。首先，黑爾更加強調所謂道德的第三個特性——**凌駕性**（overridingness）。他主張在原則相衝突的情況中，道德原則和規約應凌駕於其他類的原則和規約（如審美、經濟、法律等）（Hare, 1981）。這所謂的凌駕性會在本章第四節中進一步討論，在此，我們可以看到，道德薄弱的現象再次提供了一明顯的反駁證據，如沙魯柏（Thalberg）指出：「這裏有一個非常嚴重的問題，即道德原則並不總是勝利的一方。如果說道德理由有較大的道德權威，這是完全沒有常識的說法。」（Thalberg, 1971）其次，黑爾同樣強調獲自吾人成長和過去經驗的**道德直覺**

(moral intuitions)，宣稱：「道德思維的直覺層，是道德完整結構的一主要部分。」(Hare, 1981) 這個主張使得道德的定義變得更爲複雜，誠如黑爾暗示地承認：「這帶給我們一個較近似於我的反對者的觀點，即堅持無法給予道德一純粹形式的定義。」(Hare, 1981)

因此，黑爾企圖提出道德的純粹形式之主張，有著許多困難，但是雖說他的主張並非完全適當，仍不應剝奪他理論的所有價值。像黑爾對於道德判斷的決定和實踐之間，強調須有邏輯的一致性，即使稍嫌誇大，但仍是很重要的看法。黑爾的主張在德育上的應用，頗具深意，而這也是他本身所致力於說明的。於是，就本書的目的而言，黑爾的理論成了最好的例證，黑爾嘗試將他對道德的分析直接地應用到教育兒童的實務上，這點使得他和當代道德哲學家扞格不入。他所正確觀察到的問題：「我應該如何教養我的孩子？」自古以來卻極少受到哲學家們的注意。

黑爾的道德「形式」觀，理所當然地產生道德教育的「型式」觀。在一篇題爲〈語言與道德教育〉(1973) 的文章裏，他清楚地闡明形式比內容更爲緊要，他說：

> 我肯定相信，如果首先家長，然後兒童均能更加瞭解道德和道德概念的「形式」特徵，那麼最終就不太需要擔心兒童的道德原則之內容，因爲只要實實在在和清清楚楚理解道德的形式，內容就自然沒有問題了。

黑爾試著從道德語言的兩大特性推論出德育的必要原

則，這其中最重要的如下（Hare, 1973）：

第一點，如果道德判斷的功能旨在指導行動，那麼德育教師必須讓人看到他是真誠地實踐他的原則，而不僅僅是口惠式（lip-service）的光說不練。

第二點，如果道德判斷是規約的而非描述的，那麼教導兒童道德時，要讓他們知道道德判斷並不是待學習的事實陳述，而是要選擇原則，繼而採取某種生活方式。

第三點，如果道德判斷包含普遍化一個人的規約時，那麼德育必須教導兒童如何設身處地為人著想，而這有賴於培養他們辨識他人感受的能力，和預期行動影響他人的可能結果。

第四點，如果普遍性意指：道德行為者不能僅注重自己的喜好而忽視他人的喜好，不能視自己的身分地位為特權；那麼教育就要教導兒童博愛他人，把別人的利益和自己的利益等同對待。

黑爾宣稱在這種教育方式下，兒童就會學到道德的形式。他們也偶爾會從家長和教師的原則中學到一些內容，只不過這些道德內容日後或許會被放棄。最重要的是，他們應該正確地學到如何運用道德的語言，何謂堅守道德原則，而不管那些原則的實際內容為何。

黑爾推論出的德育觀點，和其他對本主題具有影響力的作者之間，有著有趣的相似點。特別是威爾遜（J.Wilson）（實際上多受益於黑爾）的作品，強調一些黑爾所主張的德育必要原則。威爾遜在他的許多著作中，嘗試去確認那些建構道德行為者的必備技巧和情操。這些包括了將原則

化作行動的能力，洞察他人感受的能力，以及將他人利益和自己的利益等同對待的傾向，均與黑爾列舉出的要求一致（Wilson, Williams, & Sugarman, 1967）。同樣地，「學校委員會德育計畫」在其第二章中亦強調道德行為者須預期結果和理解他人的感受。

縱使黑爾的結論和其他當前的德育著作有相通之處，其理論卻是奠基於道德的分析上，這點，如上所述有著許多可議之處。那麼，在何種情況下會使得黑爾對德育的說明無效呢？顯然，如果我們不能接受以下的觀點：規約性和普遍性可充分的界定複雜的道德領域的所有層面，那我們就不能依賴它們為德育提供完全適宜的基礎。不過，如果我們心中謹記這些可能的不恰當處，黑爾的道德觀還是非常有用的，因為他具體指出了德育的一些必要的成分，又引導我們認知到源自他道德哲學的德育主張的疏忽和困難之處。

例如，縱然道德語言不像黑爾強調的總是具有規約的意含，縱使道德原則和行動有一道為黑爾所低估的鴻溝存在，道德及道德教育仍然是實踐的事務，與行動也與判斷有密切關聯；而黑爾所提出的教育涵義第一、第二點讓我們注意到這一點。同樣地，縱使決定如何和何時「普遍化規約」，以及怎樣才算是「相同情境」均有許多困難，就黑爾教育涵義第三點而言，對他人觀點和利益的敏感性，在許多道德脈絡中是一無可否認的因素，也是道德教育顯然需要關注的。

至於涵義第四點，即兒童應該被教導成博愛他人，則

引起較多的麻煩。縱然直覺上我們傾向於同意黑爾的主張，我們還是要追根究底：愛是指什麼？是直接源自黑爾分析道德的邏輯結果嗎？「愛」在此的意義似乎顯得曖昧不清，且是易於誤導黑爾本意的字詞，因為實際上黑爾將它等同於公平地對待他人和自己的利益 (Hare, 1973)。究竟黑爾所要尋求的是道德的那類**情意或感受**(affective or feeling) 的層面？吾人很可能對待他人的利益猶如自己的利益，而不具任何的情意、愛或尊敬。例如，殖民地的官員很可能將地方大眾的利益和自己的平等看待，如負責任地維持殖民地的秩序、執行與遵守法律、繳稅和保護人權等；但他如此作為，可能只是在追求效率、安全、他個人的升官和名譽，私底下卻厭惡和蔑視那些殖民地人民。這個官員的表面行為將他人和自己的利益平等看待，但他是否表現出「愛」的任何意含呢？他能算是一位道德行為者嗎？

黑爾的論證似乎有一些弱點。一方面，如果他只強調邏輯的一致性和不偏頗的對待他人，那麼他對道德和受過道德教育者的看法當然就不夠完整。如上例所示，某人普遍化他的規約時的「精神」，及對待他人時的「情感」，都能決定這行動是否道德。但是，另一方面，黑爾對道德語言的分析顯示，道德行為者只需要依特定的方式來判斷和行動，無需對他人有特別的情感。黑爾的分析確實很少涉及道德的情緒或動機層面，因此他將「愛」的觀念帶進他的德育主張，可說是相當突兀的，或許是為了補償他早期對道德的描述中所欠缺的任何「情感」因素。

黑爾晚期的著作較強調道德的直覺，所以出現了較少形式的、較多習俗的德育面貌。他申論說：「德育的一個必要部分在於學習並獲致道德態度，換言之，在蘊育具特定內容的道德直覺和相關的道德情感，並依循它們來行動。」（Hare, 1981）黑爾早先聲稱：如果兒童理解了道德的形式，就不大需要擔心他們道德原則的內容，而上述引用的這段話卻跟他早期的宣稱漸行漸遠了，這無異承認他早期完全注重形式而輕視內容的嘗試確有缺點存在。

我們現在已對黑爾的規約主義有較詳細的瞭解，它可作為嘗試拼圖出道德和德育形式的好典型。此一主張的要求和特性，提供了道德行為的部分梗概，但對於道德的許多情況和層面並未作適宜的說明。現在讓我們看看另一個「形式的」理論是否也跟規約主義一樣有這方面的缺陷。

第二節　情緒主義

情緒主義（emotivism）在規約主義之前出現，且有部分主張聲氣相通。情緒主義有一段很長的哲學史，有關的詳盡探討可在艾爾（Ayer）和史蒂文生（Stevenson）的著作中發現，它跟規約主義相同處，在於主張道德判斷不是事實陳述。根據情緒主義，道德語言獨特的性質是基於它的特殊作用，傳達並影響情緒態度。

例如，如果我宣稱以活生生的動物來進行令它們痛苦的實驗是錯的，則使這語句成為道德判斷的，不是因為它

陳述一個事實，可以拿來**實證**（verification），而是因為它等於「我不贊成拿活生生的動物來進行令他們痛苦的實驗，切勿這樣做或鼓勵他人去做」。換言之，道德判斷首先是表達某人贊成或不贊成的感受，然後說服聽者來分享這些感受。

依照這種看法，道德變成了表達自己的感受以運用影響力改變他人的事務。這樣一來，道德語言變得高度主觀性，正好說明為何道德問題時常引起爭論且很難有一致的見解。就如我覺得動物實驗是錯的感受，可能跟你判之為對的感受有所衝突；就好像我害怕蛇，你卻很喜歡，我們兩人的感受相互牴觸。兩個人碰到同樣的狀況可能有不同的情緒反應，這些紛歧的反應不可能靠討論或訴諸事實來客觀地「解決」；雖然，對於「事實」究竟為何，有一定的理性辯論空間，如每年有多少次的動物實驗在進行是可以客觀探討的，但這跟面對事實時應該採取什麼樣的情緒態度還是截然不同的。

關於情緒主義的哲學批判，類同於對規約主義的批判方式，質疑其宣稱的特性是否為道德判斷的真正獨特功能。很顯然地，並不是只有「道德的」語言才能傳達和影響情緒態度。例如，廣告用語也能達到這個目的，但很少人願意接受電視上的商業廣告也可稱作道德的。所以，所謂道德語言的情緒功能，並不能夠充分地區別道德語言和其他類別的語言。

此外，情緒作用也可能不是道德語言的必要條件。道德語言的每一種用法並不必然含有獨特的情緒功能。反對

情緒主義的批評者指出，道德判斷經常是（典型地）冷靜地慎思熟慮後所下的判斷，其目的就在減輕而非突出個人的情緒感受。庫柏指出道德原則性質中的**冷靜時刻**（cool-hours），攻擊了情緒主義立場的心臟部位，他說：「一個人的道德原則，就是那些在冷靜時刻中最不願放棄信守的行動原則，即使在他情緒激動時可能傾向於脫離它們」（Cooper, 1971）。誠如我們可以察知的，在吾人道德判斷和情緒反應之間總有著「衝突」的可能性，這說明了後者很難論斷為前者的必要特性。吾人的道德決定和道德衝突的經驗，指出當吾人試圖決定做出對的事情時，其關鍵是要時時檢查吾人的情緒，公平地處理兩種對立的主張，而非吾人剛好較喜歡那一個。正如赫思特（P. H. Hirst）所說：「許多道德論辯均意圖致力於將討論的重點從對情緒反應的關注，轉移至基於理性礎石上的道德判斷。」（Hirst, 1974）

　　當我們將情緒主義的涵義落實在德育上的應用時，其理論的優缺點將更顯而易見。情緒主義者不像黑爾對其規約主義那樣，直接說明其理論在教育上的涵義。這並不令人驚訝，從「道德」的情緒主義式解釋，道德「教育」成了令人奇怪、可疑的工作。因為「道德無非是個人的信念」，「如果你覺得這是對的，這就是對的」等情緒主義的意含和未經檢核的說法，確實引起家長和教師對德育的理念感到憂慮。

　　此外，一項對情緒主義的假設所作的更嚴格批判，透露出它們立基的理論對兒童認識道德領域的方式隱含著較

不自由的主張。如果兒童在他們的成長和教育中學到的道德語言，具有傳達和影響情緒態度功能的特徵，那麼對兒童使用道德語言，無疑就是在說服兒童採用與說話者相同的態度，並有效地將這些態度普遍散播給他人。假設教師希望學生明白在商店裏順手牽羊是錯的行為，則應有許多案例來討論偷竊商品這個事實（如各商店每年由於顧客的順手牽羊而損失多少錢），一旦大家都同意這個事實後，對於偷竊商品是否為錯，或應該如何處理這一偷竊現象的道德議題，教師所能夠做的只有盡可能強烈地表達他個人的感受，期使學生能跟他共同持有這種厭惡順手牽羊的感受。

這類德育的觀點最少有一優點，即認知到道德判斷和決定必定要包含有些「情感」因素在內，這一論點在黑爾規約主義對德育的主張上是很模糊不清的。典型的道德議題是那些人們所關心並感覺到有責任去履踐的事情，兒童要能掌握道德的這些特性是很重要的，而不是將道德討論只當作心智的練習（本書第二章第五節提到的郭爾保「道德推理發展」的德育趨勢在這一點上受到不少批判）。雖然如此，情緒主義對情感因素的描繪，使得德育很難被接受，甚至於被理解。

首先，道德教育成為**主觀的**（subjective），因德育工作者只能表達個人對於爭論中議題的情感。其次，德育成**為非理性的**（non-rational），道德討論或爭辯，縱使包括任何客觀的評估，嚴格說來也變成了不可能的，只能說每個人在表達不同種類的情感；也就是說在提出道德判斷

時，不啻像皮德思（R.S. Peters）很幽默地說是在發出「複雜難解的咕嚕咕嚕聲」。第三，德育成為**威權專制的**（authoritarian），德育蘊含操縱聽者的情感，對他們施用心理壓力，使其能跟教育者的情感一致。德育因此變成運用宣傳和說服的技術。這種教學的成效，不在於兒童理解和洞察能力的增長，而是產生教育者所希冀的情緒態度和認同的有效性。希特勒的德國青年運動，不啻為德育之情緒主義趨勢的最佳例子。

情緒主義最基本的弱點，是它對「情緒」過度簡化的觀點，而這個弱點在其理論應用到教育上時更為明顯。情緒主義提倡吾人的道德判斷都是直接從吾人的情感和情緒而來：我們會因某人某事覺得憤怒、討厭或喜愛，這種情緒「導致」吾人下道德判斷，以表達贊同或不贊同。但是這一主張其實是本末倒置的。當我們看到一位兒童被殘忍虐待時，經驗感受到的憎惡情緒並不導致吾人的道德不贊同，相對地，是因為我們判斷那個行為是道德上錯的才感覺到憎惡和反感。例如，兒童必須先知道許多自然生物後，才會對毒菌或食人魚感到害怕；他並非先感受到害怕的情緒後，才判斷這些生物是危險的（或許有些情況例外，如恐懼症和完全非理性的害怕，但這些情況應說是病態，而不是情緒）。

指出情緒主義在這一點上的混淆，對教育來說是很重要的，因為兒童不能只是被引導來接受一些既定的反對殘忍、不公平、不容忍等等的情緒態度。這些道德情感只能從對於這世界裏某些事件的客觀理解中發展出來（如拿針

刺人，對方會疼痛）。如果情緒在表達吾人對這個世界的詮釋和理解，那麼教育在幫助兒童發展及批判地修正這些詮釋及理解上，扮演很重要的角色。因此，我們可以在道德中保留某些情感的因素，而不用接受情緒主義的德育觀點：視德育為心理操縱和非理性宣傳的完全主觀性的過程，而跟知識與理解的發展無關。歸納來說，即使情緒主義促使我們注意到道德和教育領域中「情感」的重要性，教導兒童成為好孩子的活動，倒不用像情緒主義隱約暗示的那樣**非教育的** (uneducational)。

第三節　存在主義

存在主義 (Existentialism) 跟上述兩種理論有一些方面不同，作為道德的形式理論，它並不是一種特別的「倫理學」理論。因為它不是一種有系統、統一的理論，包含許多不同的源頭和面貌，這之間往往只有鬆散的聯結。所以，將存在主義包括進來這個形式的研究，並不是要提供其哲學趨向和態度的概觀，也不是要探究其中往往呈現的曖昧難解的語言和理念。我們在此的注意焦點是集中在其道德和道德決定的觀點，尤其是其中最具代表性的哲學家沙特 (Jean-Paul Sartre) 的主張。沙特在他一九七三年發表的論文〈存在主義與人文主義〉中宣稱：「雖然道德的內容是可變的，道德的某些形式是普遍的。」這正是將他的理論包括進本章的理由。

要簡扼說明沙特的論證而不至於跟他複雜的哲學立場糾纏不清，實則並不容易，不過基本上他的主張是一個道德的行動必須是「自由地選擇和履現」。他在同一篇論文中提到：「人是自己所造就而成的，此外無他。」意指人的選擇力量是最重要的；他又說：「人選擇這個或那個的同時，也是在肯定所選擇的價值，因為我們永遠不會去選擇不好的。」此外，透過吾人的選擇來肯定價值時，我們不能訴諸任何外在的權威或原則以證立這個選擇：「在我們的身前或身後並沒有任何光輝燦爛的價值王國以供證立或憑藉，我們是孤獨的，沒有任何憑藉。」

沙特為說明這個似乎令人迷惑的**沒有規準的選擇**（criterion-less choice）的觀念，引用了一個真人真事的例子，這例子自此以後為哲學家廣泛地流傳討論。二次大戰時，沙特有個學生跟他母親相依為命，她已經跟該學生的父親離婚，另一個兒子也在戰爭中殉職，倖存的這個兒子是她唯一可以告慰的。可是這學生正面臨陪伴母親身邊或到英國參加「自由法國部隊」的選擇。究竟他應該參加反對納粹德國的戰爭，還是留在家中孝順母親呢？沙特描述這個學生正面臨兩個重要的選擇：「一個是實在具體且較直接明顯的，但只成全一個個體的幸福；另一個行動則導向較偉大的長遠目標，即國家集體的利益，但這理由卻較模糊不明確。」他不曾猶豫於兩種道德之間，「一邊是同情心或個人貢獻的道德，另一邊則德澤較為廣被但其有效性是可爭論的」。

在這個事例中，沙特聲明的論點是在顯示沒有任何東

西，沒有道德權威、教條或原則等，可以幫助這個青年人作道德選擇。訴諸於愛、慈善、自制或尊敬他人的考量，不能解決任何事，因為這些無法裁決他對母親的責任較大或是對他同胞的責任較大，不能說那種判斷優先於另外一個：「當我們要界定行動時，那些太抽象的原則會變成殘破無用。」所有我們身為道德行為者能夠做的是「相信我們的**本能**(instincts)」；這年輕學生「有義務為自己創立法則」。若我們遇到這種道德抉擇時，也不能信賴吾人情感的強弱來引導決定，因為我們未做選擇之前，不可能預先知道履現某個行動時的情感。對沙特而言，道德形式的獨特性，在於道德決定總是由當事人創立發明的，而「唯一有待思量的事情，是要知道這個發明是否以自由之名而創立的」。

沙特對於自由選擇和獨立判斷的強調，其自身並無特別的爭議，正如第三章指出的，許多道德哲學家也同意這些特性是任何道德決定和行動的必要條件。而沙特的主張之所以吸引了許多哲學家的討論和批評，是因為他似乎將這些特性當成了道德判斷和行為的「充分」條件。也就是說，再也沒有別的試驗可以應用來決定某選擇的道德性質，似乎只要這個抉擇是「自由選擇」或「自由發明」的，任何其他的因素像推理論證的支持或一般原則的訴求，就明顯地不相干。

沙特的道德觀念自然也受到不少批評，除了「自由選擇」不易正確地界定或認知的問題之外，最明顯的指控是沙特的道德太狹隘不足。「道德」這字詞除了標明「自由選

擇」之外沒有其他的內涵嗎？我們怎能夠說任何的決定只要符合這唯一的要求，而不管其是否瑣碎、反理性、不值一談、冷漠無情，都能算是道德的決定？有些批評者指出沙特這個法國青年的關鍵事例，並不像他宣稱的那樣可以支持他的論證。例如，難道沙特會認為這個年輕人自由決定的任何行動都是道德的嗎？假如他決定用慢性毒藥來毒死母親，以能繼承家庭財富來投資葡萄酒事業，算得上是「道德」嗎？非常明顯地，沙特所描述的情境是徹底地限制了這兒子面前的選擇機會：不是到英國參加自由法國部隊，就是陪伴母親相依為命。但是，如果這青年要成為道德行為者的條件是他應該「相信他的本能」以及「為自己創立法則」，為什麼就只有這兩個特別的選擇呢？難道他的本能不會引導他下砒霜來毒死母親嗎？他的道德兩難也有可能是如何妥善下毒，或是應該將他母親的儲蓄金花在美酒或女人身上，而非像沙特所描述的議題。這樣的問題聽起來很滑稽可笑，因為我們並非如此使用「道德」；可是沙特的主張並不能排除這種可笑的用法，那麼這就是暗示沙特的主張有問題。

　　藉由對沙特例子的如此探究，我們能很快瞭解到事實上沙特對道德的定義遠比他願意承認的還要嚴格。他能如此運用例子作為道德兩難的綜合事例，是因為他看到了，也希望我們看到，一些被通常認為獨特化道德議題和建構道德難題的特性；在本個案中則是「責任」的衝突，由個人的「義務」感（孝順母親）到國家集體的福利。這年輕人之所以是個「道德」行為者在作「道德」選擇，並非僅

只因為他是自由地行動，而是因為他考慮了特定的機會而不是其他（如孝順父母或從軍報國，而非毒死母親或花天酒地），受特定的問題困擾而非其他，感覺特定的結果較為相干而非其他，以及相信特定因素相干於他的決定而非其他。所以，上述的說明洩露出沙特的例子真正地預先假定了他想要去否定的——道德假設和原則的實質架構，承認人的道德決定要符合道德原則，而不僅止於自由選擇那麼簡單。

有的時候，沙特其實也暗示過這些額外的道德原則為何。更特別地，他甚至接受了黑爾有關道德判斷的普遍性的觀點：「當我們說為自己選擇，既是指每個人都必須為自己選擇，也是指在為自己選擇時也在為所有人選擇。」所以，「如果我決定結婚生子，不但是我接受，而且也是說所有人類都應接受一夫一妻制這個事實」。黑爾就這一點指出：「沙特他自己其實也跟我一樣是個普遍主義者。」

（Hare, 1963）儘管如此，很難看出沙特如何在強調自由、無規準的選擇和明顯支持普遍性的特殊原則之間，求取平衡協調，而不嚴格地限制選擇且不使他對道德決定的描述產生不一致。

沙特觀點的教育涵義，強調學習運用個人的獨立判斷以作道德決定的重要性，而不是完全依賴外在的權威，這也正是本書重複提到的主題之一。沙特對這個道德特性的強調，促使我們深度地思考如何在道德教育的情境中去詮釋。就涵義而言，沙特排斥「教導」兒童成為好孩子的理念，而是將兒童為他們的選擇和行動該負的責任，強加諸

兒童身上，要求他們爲自己「創立法則」以成爲道德行爲者。這種德育概念和那些進步主義教育者有很明顯相同的地方，例如，尼爾（A.S. Neill）相信：兒童只能藉由運用自由來道德地發展，避免成人的道德價値和假定強加在身上。尼爾說過：「對於兒童來說，自由是必要的，因爲只有在自由的情況下，兒童才能以自然的方式，亦即好的方式成長。」又說：「把成人的觀念和價値外加於兒童身上，是逆反幼兒期的大罪過……兒童不應該做任何事，直到他決定（他自己的意見）要去做某件事。」（Neill, 1968）

然而，問題是兒童（特別是幼兒）如何學習以達成自己的意見，和以尼爾所謂「自然的、好的方式」成長；或像沙特說的，相信自己的本能，爲自己創立法則呢？這類的學習——如果它是道德的學習——在缺乏以兒童對外在權威、規則和原則的接受爲前提的許多指導、教學、說明和解釋之下，又是如何發生的呢？例如，小強「自然的」和「本能的」喜歡踢妹妹來聽她哭哭啼啼的聲音。我們只能用權威式的方法來改正他的信念、態度和行爲，讓他明瞭這種行動是道德的問題，他必須要負道德責任的；而這些可能要包括解釋和證立理由，必要的話，還要加上關於正確或錯誤對待妹妹的某些簡單、確定的道德規則。

兒童早期階段的德育爲沙特帶來一些棘手的難題，因爲他的道德觀對於人如何開始「變成」道德行爲者，以及兒童如何能夠學習成爲好孩子的問題，完全神秘化。如果我們真的像沙特宣稱的「單獨」，且沒有權威、教條或原則來協助我們發展道德意識，那我們如何僅依賴吾人的本能

而能夠開始學習去瞭解道德語言和道德概念，或開始成長為負責任的道德行為者？我們的本能和感受是由早期所接受的教養和我們學習來表達和解釋經驗的語言，共同塑造而成的；所以，如果它們要成為道德的本能和感受的話，它們必須藉由吾人幼年期學到的規則和價值來道德地瞭解。否則，沒有理由判定我們的本性比其他動物的本性來得更具道德。

　　省視兒童道德發展和學習的早期階段，更能清楚瞭解沙特存在主義的道德觀，其實乃立基於規則、原則和假設等先前存在的架構上。根據沙特的道德定義，教導兒童成為好孩子等於鼓勵他們自由地選擇和行動，不提供他們任何預備的指導和教學；但經反省檢討，指導和教育仍然是必要的，以啓蒙兒童進入道德的王國。

第四節　原則的應用

　　第四種道德的形式探討，包括了多種不同的觀點，而無法直接地跟任何哲學家的理論或哲學的派別等同，但它最少從二千年前的亞里斯多德發展的論證開始。這一趨勢的強調主題可用一個語詞來表達，其日常意義即使是非哲學專家也會理解，這語詞就是**有原則的人**（man of principle）。當我們想要讓人注意到某人是道德行為者時，往往會說他（或她）是有原則的人，其涵義是「有原則」在一些方式中與道德的有密切相關。

許多哲學家覺得其間的關聯是因原則和道德有共通的要素——「一般性」。原則依定義是一般的，當某人面臨作道德決定時，不在規定特殊的、明確的指示，而在提供較抽象的考量和指示，可被援引來證立一特別的選擇。例如，當醫生面臨是否要告訴某病人一些壞消息時，可援用說實話的一般原則來決定。同樣地，道德本身經常被認為包含必要的一般性成份，因它建議用理性、非任意的方法來決定什麼是應該做的。「道德哲學的一個中心主題，就是相信道德領域不是完全地區性的、私人的或獨特的，而是具有一定的一般特性。」（Chazan，Soltis, 1975）換句話說，有關醫生是否告知病人病況的決定，如果是個道德決定的話，就不應該依當日心情好壞，或是他對那個病人的喜惡程度，或甚至是丟銅板來決定。

　　這種在道德領域中強調一般原則所扮演的角色，與黑爾的規約主義（而非情緒主義或存在主義）有相通之處。黑爾的理論，實際上可視為原則應用的一種觀點，他對道德原則的普遍性要求，是道德的一般性能被說明的方式之一，亦即，某情境中所下的道德判斷，必須「一般地可應用」到其他相似的情境中。另一方面，情緒主義者因視道德判斷為個人的情緒態度，將比較樂於接受道德判斷是「地區性的、私人的或獨特的」；而沙特的存在主義立場，雖然有時候不一致地顯示對黑爾普遍性要求的支持，對於道德決定可以訴諸外在原則來抉擇或證立的理念，基本上是懷有敵意的。

　　雖然如此，遠從亞里斯多德以降的哲學家都相當一致

地同意：原則是道德理念的基本。然而，一經仔細思考一些相衝突的主張，這一表面上的同意立即開始破滅：首先，某些原則是否較其他的原則具有道德的**優越性**（superiority）或**優先性**（priority）；其次，有關原則在道德推理中運作的獨特方式。這第一個爭論可留待到下章再討論，因它實際上與道德的可能內容較有關聯而不是形式。例如，是否說實話比考慮他人的感受較是中心的道德原則？當討論道德原則時，要避免內容的問題是很困難的。然而，第二個爭論直接涉及到應用原則作為道德的形式特性的方法，所以要立即處理。

究竟原則如何關聯到道德判斷和道德行動呢？傳統的解答是首先由亞里斯多德提出的**實踐三段論**（practical syllogism），指出需要邏輯演繹的歷程。根據這個主張，道德推理和決定有三個元素。第一，說明某一較大範疇的行為是對或錯的一般原則。例如，不守信用是錯的。第二，認知到某一特別情境屬於這個範疇，因此，受到這個原則的管制。例如，我答應今晚開車送我的鄰居到醫生的診所。第三，應該或不應該採行一特別的行動的結論。例如，我應該開車送鄰居到診所去。因此，之所以有道德的錯誤，是由於在推理或理解時發生一些瑕疵：或許是沒有正確瞭解原來的一般原則，或許沒有認知到那個特別的情境是原則應用的例子，也或許沒有推論出邏輯的結論來。

這個原則應用的亞里斯多德式的描述，確是道德的理性特徵，卻為情緒主義和存在主義大大地忽略。特別是，它提供了一些規則和步驟以區別道德推理的好壞，正如我

們可以判斷科學、數學或歷史結論的有效性。然而，如同本章前述的三種理論，原則的應用也很難說是對道德的形式提出完全適宜的說明。

首先，是否任何可用實踐三段論來進行邏輯演繹的一般原則都能獨特地說明道德推理呢？有許許多多的原則（像空手道、占星術或春宮攝影等），不管其歷程是多麼的理性，其結論的達成卻跟道德一點也不相干。實踐三段論可從這類的原則推演出實踐的結論來，正如邏輯上它能從說真話和守信用等原則演繹出結論，可見它本身的推理過程並不能點出任何事物是獨特道德的。於是，我們再次面臨一組或許可算是道德推理的必要條件，但不能說是充分條件。縱然有些哲學家像黑爾等人（Nowell-Smith, 1954）採取進一步動作，力爭道德原則對個人而言是優勢的、凌駕一般之上的，同樣的問題仍然存在。因為，理論上個人仍然很有可能把任何原則當成優勢的或凌駕的，即個人賦予它們優先性，並依此行動。譬如說，我個人認為隱私權的原則是最優勢的，而從它的邏輯演繹中，我可能會推演出：為了維護隱私權，必須將我所有自由的時間用來荷槍巡視家裏花園四周；但是，我的行動很難因此說是道德推理或行為的顯例。

其次，另一種反對原則的應用是因為它忽略了道德的慎思部分，而這是吾人道德經驗中很主要的一部分。原則無法對道德問題提供直接的解決，部分是由於原則之間也時常衝突，而權衡衝突原則的過程自身基本上就是道德的活動。但原則應用的理論，單只描述從原則到結論的推理

形式，而無能顧及衝突原則之間的權衡。前例中的醫生在決定是否告訴病人壞消息時，可能並不只是遵守說實話的原則，而也可能考慮不讓病人受不必要的痛苦。單靠邏輯的推演無法解決這個兩難困境，而不容否認的是道德的兩難需要道德的決定。所以，這個理論無法說明我們如何重視某個原則而反對另一個原則，或甚至無法說明我們如何達到某些原則而非其他。這兩種歷程中都必須包括重要的道德選擇。

第三，縱使所涉及的原則並沒有衝突存在，當事人也有不知如何詮釋和實行的困難，但這個原則應用的理論再次忽略這個典型的道德問題。例如，前述的醫生面對對他毫不懷疑的病人，可能希望堅守考慮他人情感和利益的原則，問題是這個原則如何幫助他達成他應該怎麼做的結論？許多不同的行動模式可能訴諸這個一般原則來證立，例如，他告訴病人實情或對病人說謊，通知病人的家人或不讓他們知道，開藥方可能讓病人減輕痛苦但會縮短他的生命，諸如此類的行動都可說是為病人著想。實踐三段論所描述的這種推理形式，實不能對如何詮釋這類原則的道德問題以及該怎樣解決有所指引。誠如沙特強調的：「在我們需要界定行動時，太抽象的原則變成殘破無用。」
(Sartre, 1973)

第四，某特別情境屬於一特定原則的情況並不總是不證自明的，吾人經常需要運用道德感和想像力，而非邏輯推理，來認知這個情況。例如，我們可能接受「偷竊他人財物是錯的」這一原則，但卻沒有認知到逃稅、騙取社會

福利金或沒有買公車票都算是這個原則所譴責的情況。許多超級市場中到處張貼的警示，顯示他們已理解到這一點，因為警示上明白寫著「拿東西不付帳是偷竊」，這不是在促進顧客的邏輯推理，而是在改變他們的意識和激發他們的想像，這都是在能夠實際應用原則以及推論出結論之前所必須做的工作。

因此，無論原則的應用是如何重要，只能代表道德的一部分。然而，從它對道德的主張來省視其在德育上的意義，並檢討其中的優缺點仍然是有益的。有別於存在主義或情緒主義，原則的應用實在地提供了可以教給兒童的實質內容，道德議題成了公共事務，就如科學的問題或歷史的懸案，能夠被理性地討論，而不是僅止於私人的感受或自由的選擇。

但是，根據這個道德觀，為了使兒童成為受過道德教育的人究竟什麼是必須教給兒童的呢？大致上，兒童必須學到一種「方法」以將原則應用到特別的情境中，及推演出什麼是應該做的；可是這樣一來整個過程似顯得相當非現實。教師如何只教這種方法而不同時教一些可運用這種方法的特別原則呢？這樣做，等於試圖教兒童如何科學地推理，而不提供科學知識以作為推理的基礎。一旦我們開始教導兒童憑藉某些原則來演繹，而不憑藉其他的原則，我們等於暗示除了道德的形式可以分辨外，還有某些道德的內容是值得注意的，而我們需要進一步的論證，來證立為何選擇那些道德原則。所以，很難看得出單只強調教導道德推理的形式而**不具任何內容**（content-free）的德育計

畫如何能運作。

另外還有一個實踐的困難，縱然原則的應用被接納為道德推理結構的部分，這並不代表其中的形式演繹必定是兒童學習道德思維的方法。當我們回顧過去時，或許能夠用亞里斯多德的實踐三段論來分析過去的一個道德行動，但這並不是說我們總是有必要使用亞里斯多德描述的次序來通過實踐三段論的所有階段。在許多場合中，我們可能沒多少時間來有意識地進行推理的連環動作。例如，有人在海邊看到一兒童溺水，居然猶豫不前，還跟自己說「我必須看看實踐三段論會告訴我去做什麼」，他這樣的做法才真的不能算是道德行為。

另外，有些場合中，我們可能一開始並沒有清楚可用的原則，但透過掌握情境和預測行動的方案，我們可能決定不訴諸先前的道德考量，而是在最終形成一特別的道德原則。同樣地，兒童經常都是藉由道德語言對某些情境詮釋的實際經驗來學習和接受原則。例如，兒童能夠掌握公平原則，不是因為先學到它再來應用它，而是因為遭遇到公平和不公平對待的事例後，將這些事件轉化成為道德語言（如這是公平的）。因此，原則在道德學習中不是第一出現的，因為除非它們是源自兒童的親身經驗，不然就沒有意義或不知如何應用。

然而，較大的兒童可能會被教導按照實踐三段論來應用原則。可是這樣一來也有另一個明顯的缺點，亦即什麼是這個原則包含的結論呢？是心智判斷嗎？（如我應該下午時候去看看我的祖母）或是行動本身呢？（真的去探望

祖母）亞里斯多德和他的許多評論者在這一點上並未作清楚的說明。不過，直接從推理連環中「演繹出一個行動」的觀念，真有許多麻煩之處，因為行動通常總被認為是決定和意向的結果，而不是邏輯演繹的結論。那麼，如果原則應用的最終產品是道德「判斷」（這是較合理的解釋），則它不能為德育提供任何適當的模式，因為在道德中行為和推理是一樣重要的。因此，太強調原則的應用，會導致德育過於心智化的趨勢。這種趨勢較注重道德思維的發展，而較輕視道德行動的履現。

除了反對將「不具內容」的原則應用方法作為德育的基礎之外，許多具影響力的理論家仍以不同的方式來強調：原則的學習與應用是兒童道德發展的重心。例如，皮德思（Peters）區別規則和原則的不同層次，並探討它們在德育中扮演的不同角色（Peters,1974）。威爾遜（Wilson）宣稱受過道德教育的人之明確特徵之一，就是他能理性地建構約束自己的規則和原則（Wilson, Williams, & Sugarman, 1967）。郭爾保（Kohlberg）試著描述吾人道德發展歷程必定要經過的一系列階段，並界定道德推理的最高階段是遵行自我選擇的倫理原則（Kohlberg, 1967）。

值得注意的是，上述的每一位理論家實際上或明或暗地排斥純粹形式的且不具內容的道德和德育主張。像皮德思提倡一組特殊的、基本的道德原則；威爾遜主張受過道德教育的人所建構的原則必須立基於認同他人的情感和利益之上；郭爾保實質上將道德發展的最高階段「自我選擇的倫理原則」等同於「正義」的單一原則（Kohlberg,

1970)。我們似乎可歸納來說，雖然原則顯然是道德和德育的必要部分，但純粹形式的描述使得原則不夠完整。因此，我們或許可以跟隨皮德思、威爾遜和郭爾保的引導，對內容的問題更深入地探究，並試著決定那些是道德原則的實際要素。

　　本章可歸納來說，沒有任何完全適當的理論，其本身能夠充分界定完整的道德領域，繼而描繪出道德教育的版圖。然而，學者們已發現能夠指出道德意義的許多必要特性，或是吾人使用「道德」的描述意義時的典型方式。例如，規約主義強調邏輯一致性的要求，情緒主義使吾人注意到一些「情感」的成份，存在主義重視獨立判斷，原則的應用指出道德中的一般性和理性。這些特性加上第三章中所描述的，至少開始標識出一些道德的輪廓來。

　　對這四種學說在德育上涵義的檢查，為吾人提供了更深入的洞察。首先，洞察出各理論的優點和缺點；其次，洞察道德和德育的特性，藉由質疑「我們如何能夠教導兒童成為好孩子」，澄清了吾人對於「好」的實際概念。因此，黑爾相當正確地宣稱，當我們提問「我將如何教養我的小孩」時，「倫理學的許多黑暗部分變得較為明朗」（Hare, 1952）。

　　儘管如此，上述這些對道德採取純粹形式描述的理論，它們本身在道德教育的實務上也產生相當脆弱且有時甚至不一致的結論。原因很簡單，即它們經常試圖成為「形式的」和「不具內容的」理論。因此，我們必須要轉移方向，來省視另一種選擇的趨勢，它企圖用道德的內容來界

定道德的領域；並看看是否這些主張對於我們教導兒童成
為好孩子的問題能夠提供一較穩固紮實的基礎。

第五章
道德與德育的內容

　　討論道德內容的問題，最好先再次注意道德規則和原則的主題。因為凡是要按照內容來界定道德和德育的企圖，都要藉由特別的規則或原則來清楚說明其內容，這正是道德主題表達的方式。例如，如果有人認為道德主要是有關正義、慈善、貞節、誠實或實在等，每一項都指涉到一個規則或原則，其作用在於指導行動和幫助解決應該做什麼的問題。在此，規則是指較具體、特殊的規約，例如，「在公車上應該讓座給老人」；而原則是指較抽象而一般的規約，例如，「應該平等對待所有人的利益」。

　　宣稱任何的規則或原則是道德上獨特和明確的，是顯然可能的主張，然而，一一檢查所有可被相信為道德的規則或原則的事項，將是一龐大而令人卻步的工程。比較可行的策略，是把這些以內容為基礎的主張，依照其推論的來源和其依賴的支持理由，將其歸納在幾個較大題目之下。所有道德規則和原則都必須立足於內隱或外顯的證立理由之上，甚至是「因為媽媽說不可以」的層次亦是道德

規則和原則可以立足的。因此藉著省視以內容爲基礎的道德定義所試圖建立道德規則和原則的方式，我們首先能夠探究一些特別道德規則和原則的具代表性案例，其次我們能明白各種不同的證立系統可能產生不同的德育概念。

第一節　訴諸權威

這類範疇是很重要的，因爲，縱然沒有任何當代哲學家可能主張：道德的內容能夠藉由純粹訴諸外在權威的規則和原則來充分地描述，然而，許多**道德的常識**（common-sense）卻都是立基於這種假訴。例如，在許多人心目中，道德原則被等同爲有關性行爲的特別規則，而這些規則所經常（縱然不是總是）憑恃的證立理由，主要是家長、教師或教會的權威訓諭。因爲，在這種解釋下，所謂道德，就是要跟一些性的規則協調地生活（譬如不應該發生婚前或婚外的性關係），而這些規則的有效性則訴諸於權威（例如，「這是我父親告訴我的」、「這是聖經說的」）。

當然，這不是爲此類規則所提供的唯一證立理由，也有可能訴諸其他「非權威的」考量，像個人的滿足、社會的凝聚、家庭制度的維護，或防止性病蔓延等。此外，吾人也不假定只有性的規則才能等同於道德，例如，恩怨分明、努力工作、敬老尊賢，及不在其位不謀其政等，對某些人而言，都是可以用來界定道德的規則。另一方面，吾人也不主張只有傳統的、保守的價值才能提供**權威中心的**

(authority -centred) 道德內容，因為有些人服從自給自足、提升意識、素食主義或有機園藝等規則的道德生活，惟這些可能是由某宗教領袖或公社領導的勅令所規約的。

由此可見，廣泛而普遍的道德內容，可能根源於訴諸權威。雖然其形式可能是相對地較為清楚的、具體的行為規則，而不是會產生較多程度之個人詮釋和理解的較一般化、抽象的原則，因為發出權威性宣示的主要目的就在排除獨立判斷的可能性。所以，「我總是考慮他人的利益，因為媽媽這樣教我」這種說法，聽起來很令人奇怪；但是「我總是對有婦之夫說不，因為媽媽這樣教我」就不顯得奇怪。

然而，若嘗試用上述的方式來定義道德的內容，注定是要失敗，其理由已在前文中說明。第一章中曾指出：沒有任何事只因某某人如此這般說就會變成道德上對的；同樣地，嚴格說來，服從權威與做出道德決定是不相干的。在第三、第四章中，我們也提到：自由選擇與獨立判斷是成為道德行為者必要的一部分。

但是，從這些已成立的觀點來推斷出謬誤的結論，並以近似於沙特的立場——即沙特所言吾人必須為自己「發明」道德而不受任何外在影響所指導——來達成結論，實存在著更大的危險性。這個反對以權威為基礎的道德概念的論證，只在下列（也許相對地不尋常的）事件中有用：一是該訴求完全排除了權威的單一存在，另一指某人的道德信念如貝爾（Kurt Baier）說的，僅僅是擷取自某人被盲目教導所應尊崇的信念（Baier, 1973）。所以，如果我堅持抽煙喝酒是錯的，因為我父親這麼說，而且我所訴求的

也單單只是因為他的確說過，那麼我的信念是獨斷的，不能算是道德判斷。但是如果我說抽煙喝酒是錯的，因為我的父親曾向我指出和解釋這些行為可能引起的危險和問題，或是因為我仰慕和推崇我父親表現出來的那種節制的生活方式，那麼我的信念就不是只依憑他曾經如此訓誡的事實，而是基於他所提醒我的考量和我為自己獨立評價所作的結論。

因此，「道德權威」的概念就不必然是自我矛盾的觀念，除非我們要接受沙特描繪的完全與世隔離、自給自足的道德行為者的畫像，否則我們必須承認我們實際上較重視某些人的道德忠告和指導，將其評價為較高於其他人的。這不是因為他們說這是對的，而是因為他們先前提醒我們注意情境中的道德層面，引導我們發現真正的道德啟發性。我們判斷他們具有道德諮商員角色的良好記錄，於是，我們本身是在對他們的資格作道德評估。貝爾曾用如下例子來說明這一論點。有位農夫接受他的地區神父對離婚和節育的權威式忠告，「這位農夫仍然可被視為具有獨立判斷能力，只要他接受這位神父的判斷是因為他自己對離婚、節育缺少必要的經驗，而（可能基於很好的理由）相信這位神父有這方面的經驗，所以信任他也信任他的判斷。」（Baier, 1973）。同樣地，吾人可能接受「山中聖訓」(the Sermon on the Mount) 為道德的權威，理由並不僅僅「因為這是耶穌說的話」，而是因為吾人對這聖訓的道德標準仔細衡量結果，或評價耶穌為可靠的道德導師。總而言之，雖然沒有任何事情因為某某人說它是對的就是道

德上對的，但當我們有很好的理由來追隨某些權威的道德指導時，亦不能阻止我們被判定爲道德行爲者。

當我們轉而省視這種源自於訴諸權威的道德之獨特內容所隱含的德育趨勢時，上述的建議更見明確。很清楚地，僅僅憑恃如此這般之權威所存在並宣告的事實而來的極端觀點，將導致嚴格的行爲準則，以使兒童毫不懷疑地遵守奉行；甚且在兒童不遵行這個權威的規則時，應用懲罰來增強。當然，這一歷程是否可正確地說是道德教育還有待商榷，因其可能更應該說是訓練、制約或灌輸。在這些案例中的道德內容可能被界定爲如下的規則：有秩序的行爲、整齊清潔、彬彬有禮和誠懇實在等。我們在本節早先提過，進步主義者的價值與傳統觀點的價值可能都源自權威的訓諭。然而最高的道德，則可能保留給尊重權威本身，以作爲一般的規則或原則，因爲只有透過對權威的忠貞不二，才有可能維持這個系統之運作。於是，批判性的質疑將被自然地認爲是離經叛道的罪行，而不是教育的和道德的德性，因爲這樣做會威脅到權威的地位和威信。

這樣描述德育聽起來似乎言過其辭，然而很少教師或家長能夠否認，當兒童問「爲什麼」時，總是給個最簡單的回答：「因爲我說是這樣！」而是否這個答案總是該令人懊悔呢？有時教室裏、操場上或家裏面吵吵鬧鬧、亂成一團，要求教師或家長給予兒童詳細的、合理的說明和充分的理由並不是很適宜的，在這種動亂的場面中，強調教師和家長的權威角色可能是維持道德指令最有效（也是唯一）的辦法。然而縱使這類步驟有時候是正當的，事實上

憑藉指出某行為規則是由某權威規定的，而試著將這個特別的規則轉化到兒童心靈和行為上的控制系統，一點也不能說是道德的或教育的。令兒童服從聽話跟教導他們成為好孩子是兩回事。

至此，有個關於如何學習道德規則和原則的問題浮現出來。有人指出幼兒確實將權威的指令視作道德正當性的充分和有效的形式。例如，皮亞傑（Piaget）一九三二年的著作提及，幼童認為權威的規則是神聖不可改變的，無需成人提出任何理由來證立，這規則之所以有效，就因為它是規則。同樣地，郭爾保的道德推理層次理論，指出兒童道德發展的早期階段，是按照事後的獎懲結果來判斷一件事的對錯，且經常受制於權威的贊同或不贊同。假使事實果真這樣，道德教育怎麼可能、怎麼進行呢？如果兒童只能依這種方式來學習初期的規則和原則（來自某權威的專制勅令），這跟道德教育的真正理念不啻是背道而馳。就好像科學教師發覺，由於心理的原因，他們必須開始用違反科學推理步驟的方法來教導科學（例如，讓兒童忽視實驗的結果或隨意發明他們喜歡的觀察結果），如此無異是反科學的。

這個令人迷惑的現象被皮德思稱為**德育的弔詭**（paradox of moral education），在本章第四節中會詳細探討。目前我們只須留意：第一，如果皮亞傑和郭爾保是對的，那麼幼童的德育似乎不可避免地要訴諸權威；第二，吾人不需要感到驚訝或迷惑，兒童在能真正瞭解道德之前，總是要先經過思維的「非道德」階段；第三，我們期

望兒童在某些階段能運用自我的道德判斷，而不是盲目地服從權威，那麼在他們年紀很小時，提供簡單、合理的規則，至少不見得會有惡果，甚至很有可能促使他們逐漸發展出更理性的道德思維。

因此，藉由反省兒童的道德學習，進一步澄清了道德權威的概念，並建議：有些權威式的指導不一定跟學習道德不相容，反而是道德教育的必要部分。「教學」本身即意含不同形式權威的運用（Peters, 1966），所以，縱使道德不能用服從權威來界定，「教導兒童成為好孩子」很難是完全非權威式的工作。

還有另一種道德與德育的內容也可能被認為可以用訴諸權威的方式來界定，在進入下一節之前，我們必須先考量這種主張。這種權威不是來自某些人、某個機構、某本經文，而是來自於自我**內在的**（internal）**良心聲音**（voice of conscience），這種良心聲音的主張是吾人對於道德之對或錯的最高的（或是唯一的）指導。良心經常被描述為法官或裁判，或像萊爾（Ryle）所謂，判斷吾人行為的私人監視器（Ryle, 1971）。吾人的良心會判斷過去所做的事和未來想要去做的事。我們經常認為良心會告訴我們去做什麼，並看看自己是否遵行或違背它。良心因此是個**內化的**（internalized）權威角色，巴特勒主教（Bishop Butler）對此有很深入的描述：「沒有考慮判斷、指導與監督，你個人無法形成良心的觀念，這是良心這個理念的構成因素……良心具有力量是因它具有權利，具有威力是因它有明確的權威，良心會絕對地管理這個世界。」（Butler, 1897）

但是，究竟良心是否可以代表爲吾人界定道德的權威呢？主要的困難是因「良心」爲一高度曖昧的語詞，可用來指涉兩種非常不同的事情。一方面，良心**非理性的**（irrational）意含，特別是佛洛依德（Freud, 1945）的主張，認爲良心是某些**假定的機制**（supposed mechanisms），是由幼兒「認同」家長的各種命令、禁制和價値，然後再將它們「內化」，以致日後（甚至於成年時）若違反這些潛意識下同化的規則時，會有罪惡的感覺和焦慮的反應。另一方面，良心也具有**理性的**（rational）意含，我們用良心來表達對於過去、現在和未來行動的一種愼思的、意識的和道德的判斷。誠如柯魯奈（Kolnai）所說的：「良心的高貴意含是道德的自我批評、判斷和信念，表示出當事人致力以普遍有效的語詞來考慮他的決定，並使他的行爲在客觀的道德法庭中具正當性」（Kolnai, 1957）。

　　這種兩分法實際上破壞了良心作爲道德權威的獨特來源之表像，不管是非理性或理性的意含，良心都不能說是適切地扮演好它的角色。以非理性的良心來說，這就像吾人頭髮的顏色、脚的長短，或是任何我們成長時有的個人特質一樣，和道德沒有什麼關係。成人在某些情境中感到不盡合理的罪疚，猶如幼兒時斷奶和如廁訓練的結果，並不能告訴我們任何有關那些情境的道德特性；就好像看到蛇時覺得毛骨悚然，並不能告訴我們應該如何道德地對待蛇。另一方面，就良心的理性意含而言，雖然與道德推理有較密切的關聯，也不能因此說它是一種要求「服從」的權威。將良心比喩爲宣判裁決的法官及檢查吾人行爲的監

視器，是誤導的說法，因為並沒有任何「外在的」標準被引用到。「理性的」良心是指我們自己的判斷與決定，這些判斷與決定所根據的是我們自由地接納為道德上有效的規則和原則。這使得良心即「權威」的概念——「告訴」我們去做什麼——顯得既多餘且令人困惑。

根據上述的討論，若德育解釋為「給予兒童良心」以作為他們的道德權威的教學歷程，也將同樣是沒有幫助的。事實上，道德教育往往必須跟兒童非理性意含的良心奮戰，尤其當非理性的良心正在保護著兒童時。此乃由於兒童的早期教養，使得他們無法敏覺地、現實地評估某些情境，而只是以僵硬的、受制約的、不合理的，以及受罪惡感支配的方式來反應。至於幫助兒童發展理性的良心，無疑地是教導他們成為道德行為者的重要工作之一，但最好將這一歷程視為兒童學習為自己作有原則的決定，而不是服從權威的方式，才不會產生混淆的情形。

總之，把良心當作一規約道德的權威，對於澄清吾人的道德與德育觀念的幫助不大，但是，至少上述的探討有助於提醒我們「情感」的成份是道德的一重要因素，這在檢查情緒主義的理論時也曾提到。良心的觀念，強調道德行為者有必要「關心」道德議題，有被道德原則「約束的感覺」，犯了道德錯誤會「後悔」，對自己的道德缺點「感到羞恥」。任何對道德與德育的分析，必須要考慮這些**情意的**（affective）和**動機的**（motivational）層面，本書的最後一章會再次討論之。

第二節　訴諸自然

　　雖然界定道德的內容不能訴諸於某些權威規約特定規則的事實，難道沒有其他類的事實可以用來界定道德的內容？例如，假設道德問題只有在人與社會和物理環境的互動脈絡中出現，我們難道不應該研究這些關於人的本性，人所居住的這個世界的本質等事實，以從中找出道德性質的線索？

　　這個提議，正是**自然主義**（naturalism）這個倫理學理論的核心主張。這個理論有多種不同的觀點，因爲關於人與環境的**自然事實**（natural facts）有許多種可能的組型，各具特別的道德意義。這其中的許多觀點是未經檢查的、常識的道德假設，而不是哲學分析的結果。不過有些哲學家如摩爾（G. E. Moore）和黑爾對這些假設提出很多的批評，並進而發展出他們反對自然主義的倫理學理論。

　　自然主義中最明顯清楚的例子，就是把某些行動、意向、事務狀況分類爲「自然的」與「非自然的」，最終「道德的」與**不道德的**（immoral）。在「自然的」標題下，可能包括家庭關係的維繫，女性的生活重心是家庭而非追求事業，男性的態度要果斷而非優柔，或是個人情緒的自由表達等。另一方面，「非自然的」一般可應用在亂倫、獨身、同性戀、節育、基因工程，或喜歡踢足球的小女孩等。這

類自然主義的信念，把道德的範圍描述地等同於人的本性或人與自然界的關係，然後根據這個基礎對於什麼是道德的、什麼是不道德的作價值判斷。

雖然自然主義不用這樣按照字面上來解釋，這個將「道德的」和「自然的」等同的簡例提供吾人很好的起點，也標識出本理論中較複雜觀點的特性。而最明顯的困難一開始就是如何界定「自然」（或「本性」），以及如何知道什麼與其一致（自然的），什麼則是相互扞格（不自然的）。我們又如何知道「自然」規約的原則有那些？這些原則的存在是否獨立於吾人的「社會」習俗與機構之外？只要我們發展上述例子中的任何一個，這些問題會變得更為明顯。假設我們相信女性的生活型態是重要的道德議題之一，且「自然」可以用某些方式為有關生活型態之應然提供必須的規則和原則。但是，當我們考慮了女性的角色在眾多社會、歷史和文化中的差異時，我們如何能獲致「自然」的一些純粹規則（例如，女性的適當位置是在家裏照顧家庭），並將之應用到所有女性身上只因為她們是女性呢？我們無法獲得證據指明女性有「自然的」母性或家庭的傾向，首先因為並非所有的女性都出現如此的傾向，其次因為縱然女性有這種傾向，我們也無法確定這是由於一些自然的先天氣質，或是社會對女性角色的期待等，或是文化對女性制約的結果。人類學家發現的許許多多相異的行為類型強調，要將男人跟女人的自然本性普遍化，是很困難或根本不可能的事。

而且縱使這類的普遍化有可能達到，自然主義仍然必

須面對一個更基本的駁斥意見，因為，無論是在評價的或描述的意含上，為什麼何者是「自然的」應該被認為與何者是「道德的」有任何必要的聯結？第一，說某些東西是自然的，並不必然須將之評價為道德上值得稱讚的。人類自然的本性中，包括了嫉妒、侵犯性、不安全感、佔有欲、自我中心，但是這些本性中何者是道德上可欲求的呢？佛洛依德會說，小男孩想要殺死父親而與母親交合的欲望是「自然的」，但是，縱使他的推論正確，我們在道德上也不用被迫下結論說弒父和亂倫是好事情。其次，同樣的例子顯示，吾人無法描述地運用自然的法則和原則來界定道德的領域，因為佛洛依德宣稱他發現的那種幼兒弒父亂倫的傾向，其實只是「心理的」而非「道德的」傾向。當然地，確信有自然的人性存在的信念，會創造出一些道德問題（例如，我們應該如何對待那些具有弒父傾向的幼兒、四處挑釁的青少年、強烈佔有欲的女朋友，或是嫉妒的丈夫等）。不過，這些問題之所以是道德問題，並不是因為行為中的「自然本性」，而是因為它們跟個人和人際間的關係，以及行為的原則有關。

這種源自字義的自然主義觀點是失敗的，因為它無法令人信服地說明：(1)什麼算是「自然的」？(2)為什麼是自然的就應該是道德的。第二類型的反對意見，也可以用來駁斥其他不是直接依附「自然的」這一曖昧概念的自然主義觀。

哲學家經常是用自然主義來指涉某些倫理學理論，尤其是那些主張道德能以可被事實地描述的事務狀況來界定

的理論。所謂有關「人類本性」事實的主張自是其中之一，此外還有其他關於人與社會的、較廣泛的事實，像是人類生存、社會凝聚、政治政策、文化成就、身心健康與國家威望等等。我們無法也沒有必要檢視上述所有的選項，以注意到如下的重點：每個事件中，道德的內容都說明了一個只能應用到人與社會生活方面的原則，例如，有些人較長壽、比較沒有心智方面的疾病，或比較能創造偉大的藝術作品，是因為他們採取一種特別的生活型態，此一事實可能被援用來支持一種以促進此項生活型態為中心的道德概念。或者，有些部落遵奉某些促進生育能力的儀式以維持他們人口數量的事實；或者，有些國家運用某種經濟政策以維持完全就業的事實，都有可能被用來將道德意義歸因於那些社會與政治的程序。

　　對於這類主張的標準式哲學的反駁，是指出其主張干犯了 **自 然 主 義 的 謬 誤** （naturalistic fallacy）。摩爾（Moore,1903）首先使用這個術語，不過現在較通常的是引用休姆（David Hume）有名的著作《人性的論文》（*Treatise of Human Nature*）中的一節話，指實然（is）不能過渡為應然（ought）。目前已有一本完全探討自然主義謬誤及摩爾、休姆兩人相對主張的專書（Hudson，1969），然而，這裏並不適合全面地說明這個問題，畢竟這類反自然主義的攻擊論點顯然廣為當代哲學家所接受。

　　基本上，這攻擊是奠基於事務狀況的事實描述和其道德評價之間的區別，或是，有關實然（這是什麼）的陳述和有關應然（應該做什麼）的陳述之間的區分。自然主義

假設從事實的陳述可以直接推演出道德結論，混淆了這兩者之間的區別，而干犯繆誤，例如，婦女一生中有三十年可以懷孕的事實，並不等於女人應該在這三十年內不斷懷孕生子；也不能說，有些虐待狂喜歡將痛苦施加於他人身上是事實，他們就應該被允許去傷害他人。在所有這類的事件中，當一個道德**應然型式**（ought-type）的結論被推論出來之前，必須加上進一步的道德判斷或假設（例如，所有婦女「應該」充分運手她們的生理潛能，或是虐待狂「應該」滿足他們的慾望）。有人認為這就是休姆在他書中主張的，從「實然」直接到「應然」在邏輯上是不可能的，在事實描述和價值判斷之間總有一道邏輯鴻溝存在。因此，這個強而有力的論證係用來駁斥自然主義的觀點——即純粹用有關人與世界的事實來定義道德的範圍及以研究實然來發現道德內容。

我們現在可以認識到自然主義的範圍與重要性了，像上一節提到的訴諸權威與訴諸良心都可包括進這個範疇，因為它們試圖從一特別權威或「內在聲音」來規約一些規則的「事實」，從而推演出道德的內容。有些道德哲學家嘗試為自然主義理論提出更周密的觀念，這些觀點似乎較不干犯自然主義繆誤。下節中會對這些觀點作更詳細的檢查。不過，現在先讓我們來看看迄今描述的自然主義跟德育的那些概念有關聯。

根據自然主義假設的道德教育趨勢，最清楚的例子，是直接訴諸於「自然」或「兒童本性」的事實。不僅是德育，一般受這種自然主義觀所影響的教育理論，通常亦指

向**兒童中心**（child-centred）的意識型態，例如，吾人可發現盧梭（Rousseau）的教育規約是基於**人性本善**（innate goodness）的信念。他說：「我們要承認一個無可議論的原則，人性的最先衝動總是對的。」或者，我們發現到英國一個有威望的政府報告書——普羅頓（Plowden）初等教育報告書——開宗明義就說：「教育過程的中心是兒童。不管政策如何增新修訂，不管購置多少新設備，如果不是與兒童的本性協調，如果基本上不能為兒童所接受，都不會有預期的效果。」

自然主義理論的道德教學主張，認為德育不是把外在的規矩和原則加諸兒童身上，而是循循善誘、幫助兒童內在道德成長的歷程。所以，盧梭強調幼兒期**消極教育**（negative education）的必要，不傳授任何的口頭道德指導，不科以任何的懲罰，以避免任何習慣與偏見的養成；取而代之的是，讓兒童不受拘束、自己發現行動的「自然結果」。同樣地，前文提到尼爾強調兒童自由選擇的價值性，因為「只有在自由底下，兒童能夠以他的自然的、好的方式成長」（Neill, 1968）。尼爾相信是因為「道德指導才使兒童變壞」，兒童不應該被強迫「接受他們自然本性不易接受的價值觀」。尼爾描述兒童的自然生活力時，更是將善等同於「自然」：「教會稱呼自然的聲音為邪惡的聲音，道德教導的聲音為神的聲音。我相信這些名字應該顛倒過來。」

但是，為什麼它們應該顛倒過來？為什麼我們應該假定「自然的聲音」或兒童的「自然生活力」（不管這指的是什麼）必定具有道德意義？其實吾人很容易發現到尼爾從

事實描述推演出道德判斷的方式，犯了自然主義的謬誤。所謂的「自然事實」，其本身是道德中立的，可賦予正面或負面的價值。《簡愛》（*Jane Eyre*）小說中的人物，布羅克斯特先生（Mr. Brocklehurst）很靈活地道出了這一點。當他反對學校中一位女生的捲髮時，有人跟他說這女孩的捲髮是天生自然的，他回答：「自然的！是啊，但我們不是要順從自然，我希望這些女孩都是美麗女神葛蕾思（Grace）的孩子。」這位布羅克斯特先生，不像尼爾，抓住了對「自然的」或其他事實來作價值判斷的邏輯論點，因為事實本身並不能決定道德或德育的內容。

基於相同的理由，另一個德育的自然主義趨勢也注定是不適宜的。「道德教育」很少出現在學校的功課表上，且在其他具競爭性的學科（如智育的科目）之壓力下，校長們強烈地傾向於假定：道德的問題已完全涵蓋在其他科目裏，像是社會研究、環境研究、政治教育、健康教育、性教育，或甚至是令人注目的個人與社會教育等。然而，這種說法干犯自然主義謬誤，只要這些學科還是描述的和事實的，它們本身就不能提供任何明顯的道德內容。關於污染如何發生、政治機構如何運作、懷孕如何發生等的事實資訊，本身無法產生道德規矩與原則而不干犯自然主義謬誤。當我們下道德判斷時，知道事實當然是很重要的；但是學習如何下道德判斷跟學習事實是絕不相同的兩回事。所以，僅只是教兒童事實，根本就不是教他們的道德。不用說，在教室裏談到政治、環境、社會或生物的事實時，也會涉及到道德問題的探討，但正也是因為這一點，德育

必須有它自己的獨特貢獻，而不是為其他純經驗的學科作嫁。正是基於這個理由，本書第二章建議，日漸受人重視的個人與社會教育趨勢其實是混淆且危險的發展，因為它並沒有明顯地認知到其無可避免的「道德」基礎。教師在考慮德育的內容時，應像哲學家一樣覺察到「實然」與「應然」之間的區別，瞭解自然主義德育理論的不足。

第三節 訴諸人類福利

今日已很少有道德哲學家贊同、主張上述的自然主義理論，然而，近年來仍有許多的哲學家爭辯、討論是否有某一特別的「事實」能夠用以界定道德的內容，尤其是關於人類福利的事實。當然，這類的論證相當精闢和複雜，本書在此只能針對其中的關鍵論點作提綱契領的說明。

訴諸人類福利的觀念，以求建立獨特的道德規則和原則的企圖，有許多種方式。有些哲學家試著引用**實利的原則** (principle of utility) 來論證，宣稱當行動有益於提升人類福利時，該行動會變成為道德的。所以，道德的規則與原則必須是有關促進人類幸福和快樂的總和，有關減少人類悲慘和痛苦的總和。另一方面，有些哲學家則強調較特殊的原則。例如，人類需求 (needs) 的滿足，欲求 (wants) 的實現，或是人類利益 (interests) 的考量等。

上述這些主張有兩個共通的特性。第一，他們都聲稱在日常語言用法中，「道德」一詞實際上係指涉所有人類福

利的事業。例如，華納克（G. J. Warnock）指出；「當任何人宣稱他主張某一道德原則時，這難道不是暗示：遵守他主張的道德原則是有益的，而不遵守將是有害的？」（Warnock, 1967）。第二個共同主張是，世界上有著關於人類福利的無可爭論的事實存在，它們能被客觀地同意。例如，華納克也指出：「至少有些事情，如那些對人類是好或壞，那些是有害或有利的等等問題，嚴格說起來並不只是意見。譬如被虐待、食不飽、受侮辱或受傷等是不好的事，這並非說說、表示意見而已，這是事實。」換言之，按照定義，道德是關於人類好或壞的問題，而這些問題都能被事實地解答。符特（Foot）是此一主張的倡導者之一，她主張：「道德的美善必須關聯人類的好或壞是很顯然的，而且不可能對任何事情只因個人的喜愛與否來說是好或壞。」（Foot, 1967）亦即，道德不是個人的主觀看法，而是可以客觀回答的事實。

　　這種對道德的描述聽起來很有道理，可能是因爲它跟吾人對道德的「常識」想法及假設至爲吻合。實際上，大多數人在作道德決定時，無疑地都是基於這類**實利的**（utilitarian）原則，包括考慮如何做才會對有關的人們產生最大的幸福（最小的傷害）；而且，何者確實使人們受益或受損，何者引起快樂或痛苦的事實，不容否認地眞實存在。既然如此，試圖否定有關於人類福利的道德事實，不認爲它們能爲道德提供明確內容的想法，豈不是乖張錯誤的？

　　但並不盡然如此，因爲我們視爲「常識」的事情，並不總是像它乍看起來的那樣自證地正確；就像我們如再仔

細檢查上述的論證，就會發現它的兩大特性是可質疑的。

首先，道德能夠依照人類福利適當地界定嗎？當然，如認為道德跟人類的福利一點關係也沒有是很奇怪的說法；但反過來說，難道他們就是完全相關嗎？我們必須決定人類福利的這一特性是否為道德的每一層面所必要的，而吾人的結論是不然的。例如，為什麼只有「人類的」福利被標明出來？其他的非人類的福利又如何呢？像動物、植物，或外星生物（假設有的話）的福利又如何看待呢？對於我們應該怎樣對待動物，應該或不應該對自然環境做些什麼，以及應該如何面對可能跟我們接觸的外星生物等，是否不構成道德問題呢？以上的議論沒有一個是跟人類的福利有關，事實上，它們在人類福利的重要性被懷疑時，更顯現出道德的標準來，例如，撇開農場、工廠可能帶給人類的利益不談，我們不禁要問問：無論我們人類可從中獲得許多好處，但像這樣對待動物真的「對」嗎？

從另一個角度看，如果道德的內容僅局限於考慮人類的福利，那麼如果有一天，我不幸沈船被困在荒島上，完全沒有希望被救回人類社會或有跟他們再次接觸的機會；或者我是地球核子戰爭或自然大災難之後的唯一倖存者，那我還算是道德行為者嗎？是否我自動地從道德領域中消失，因為不再有其他的人類福利需要我來考量？可是，我不是仍然要對如何運用時間、思考我的想法以及如何跟大自然互動等，作道德的決定嗎？

最後，以這種方式界定道德，還會忽略一個明顯的事實：在日常生活裏，顯然有些道德規則與原則跟人類的福

利沒有多少直接關聯，甚至很容易在許多場合中貶低了人類整體的福利。例如，說真話和守信用都是道德的事情，不管是否有人能因此獲得好處或得到快樂。同樣地，正義往往被認為是最高的道德原則，可是正義很難說是幸福的保證。例如，拉提根（T. Rattigan）的著名話劇〈The Winslow Boy〉中，有個少年被法院判決犯了輕竊盜罪，但他的父親深信他是無辜的，決定傾盡一切努力和所有積蓄來替兒子洗清罪名。這位父親決心爭取正義的決定是道德的，可是他的意向不是在增進任何人的快樂；事實上，他的行動反而令所有相關的人深感焦慮和緊張。再看看另一個實例，二次世界大戰後，有人以正義為名來追捕一些漏網的、衰老的納粹戰犯，雖然他們認為這行動是道德上必要的，可是這些人被捕的結果，究竟會產生什麼人類福利則並不明顯。

可見，由那些僅僅包含人類福利的原則來界定的德育範圍，比道德的領域還要窄。此外，吾人尚可質疑人類福利是不是真的可見又可量度呢？訴諸人類福利以作為道德的礎石，實際上是試圖在實然和應然之間架構一座能跨越兩者間鴻溝的橋樑，以避免自然主義的謬誤。但是有許多哲學家主張所謂人類福利的「事實」描述，並不是真正建立在事實上，而是潛藏著價值判斷。

若我們質問人類福利究竟是什麼，上述的反對論點會更為清楚。有人認為：「究竟是什麼形成人類的好或壞，並沒有一致的意見，因為人類的好並不獨立於人類所持的道德信念之外，反而是被信念所決定。」(Phillips & Mounce, 1969）以一位信仰羅馬天主教的家庭主婦爲例，她跟一位科學的理性主義者爭論有關節育和家庭人口數的問題，他們的結論是不可能訴諸事實來解決這個爭論，「藉由一些被稱作人類的好或壞的平常證據，無法處理這個議題，因爲他們的分歧點，正在於到底是什麼形成人類的好或壞的問題。」（Phillips & Mounce, 1969）

所以，自然主義的謬誤仍無法輕易地避開。一個描述的陳述句要成爲道德事實之前，總是要加入非事實的價值判斷。例如，「某人失掉了一隻眼睛」是一描述語句，而在變成道德事實「他受人傷害而失掉一隻眼睛」之前，必須加上「失掉一隻眼睛是不幸的」這一價值判斷。此外，吾人總是可以質疑這個外加的價值判斷，而不贊成那個道德事實。例如，馬太福音中說，「如果眼睛讓你犯罪，把它挖出來」，因爲「擁有一隻眼睛而進入永生，總比有兩隻眼睛卻掉進地獄煉火中好」。簡單來說，吾人對於任何人類事務，總是可以問：「這有什麼好（或壞）？好（或壞）在那裏？」，縱使這種問題聽起來冷漠無情，卻並非無意義的問題，這現象說明了對某事務狀況的描述和對它的道德評價之間總是有區別的。僅僅是事實並不能產生道德原則。

另外由人類的快樂或滿足來界定道德事實，也不盡妥當，我們還是可以再問「人類的快樂」或「人類的滿足」有什麼好？當然，正常情況下，我們認爲人類能夠快樂或滿足欲望是件好事，但這很難應用到愛吹牛的人或強暴犯身上，所以說「人類的快樂或滿足」怎能說是道德事實呢？此外，縱然一完全關於人類幸福的事實陳述句，經常也有

著評價的弦外之音。誠如黑爾指出的，如果我們不贊同某人的決定和欲望時，即使該人的欲望得到滿足，我們也會反對說他是快樂的：「假如，我很少認為一個鴉片煙癮者只要有足夠鴉片就會快樂（真正快樂），道理就在這裏。」(Hare, 1963)

總之，訴諸人類福利的事實，無法成功地界定道德的內容，一則因為道德的問題不只在人類福利的範圍內，二則因為並沒有純粹、非評價的事實可以援以訴求。

訴諸人類福利的主張，一開始似乎能對道德的內容提供令人信服的說明，但是就反對的觀點而言，更重要的是特別仔細地審視檢查基於這類主張的德育考量。我們無須遠求其他事例，即如本書第二、第四章中均已提到的「學校委員會德育計畫」，顯然屬於這類範疇。這計畫本身說明了德育如何奠基在關於道德性質的特別的、理論的假設之上，且其假設之中的任何缺陷如何能夠被轉移到這計畫的實踐措施上。

這計畫的全方位目標是激勵男女學生**好好生活**（live well），並採取「體諒」的生活型態（considerate style of life）(McPhail, Ungoed-Thomas, & Chapman, 1972)。當然，沒有人否認應在任何德育計畫中強調體諒他人的重要性。一個從不體諒且敏察他人感受的人，很難說是受過道德教育者。然而，上述兩個對於「訴諸人類福利事實」之倫理學理論的反對觀點，也同樣適用於這個計畫對德育的說明。

其一，**體諒他人**（considerateness）不能視為道德的

唯一原則，也不能視為德育的唯一目標。道德還有其他可能的領域，須引用其他的原則，例如，正義、榮譽、正直、堅忍、自我抑制或自我發展等；縱使某位德育教師本身對這些原則的評價不如體諒他人來得高，但也不能將德育計畫只集中呈現出他偏好的原則，而完全排斥其他的道德原則。任何學科的教師均有責任對該學科領域賦予較完整的內容，若教歷史只重本國史、教生物只重達爾文的進化論，那就是**灌輸**（indoctrination）而不是教學了。

其二，「德育計畫」宣示是從許多不同的事實組項中推演出體諒他人的原則，這其實是偽裝了其中無法避免的價值判斷，因此無法說這計畫是立基於客觀的、經驗的基礎上。例如，這個體諒他人的原則本是從一項調查結果中發現得來的；這調查是訪查一群青少年，詢問他們對於成人和青年所認為之「好」與「壞」行為的意見。結果顯示他們心目中的好行為是體諒他人的需求、興趣與感受，而壞行為則反之（McPhail, Ungoed-Thomas, & Chapman, 1972）。然而，這個事實，亦即數百個英國學童在二十世紀的後五十年中恰好如此使用「好」與「壞」的事實，並不能確立道德必須全然與體諒他人有關。假設，這個調查顯示大多數的青少年認為「好」行為是減輕體重和不計任何代價追求期望的事物，是否也要將德育計畫建構在這些原則之上呢？大概不會如此。所以，兒童如何使用「好」與「壞」的事實，並不能自動地產生德育的內容。

另一項被「德育計畫」用以獲致體諒他人之原則的事實，同樣也顯露出令人懷疑的論證：「個人的體諒他人的

生活型態確有助於爲個人帶來快樂與健康，因爲它爲個人贏得接納與支持的回饋，因爲它減少了壓力」(McPhail, Ungeod-Thomas,& Chapman, 1972)。此處所使用的事實，用來證明體諒他人的道德重要性，卻是指涉到「個人自身的」福利和快樂：「當男生和女生採用體諒他人的生活型態時，不僅使他人獲益，同時他們自身也受益無窮。」然而，這不是一個「道德的」理由。事實上許多人主張，區分道德行動的一項明顯特性，就是它的履現並不是爲了得到獎賞或是避免受罰。可是，根據「德育計畫」的觀點，道德就像一種「水果盤」的機器 (fruit-machine)，從來不會讓人不中獎；而德育的工作就好比是讓學生持續不斷地拉那機器的手把，以得到其中的獎品。我們必須再一次的質疑，假設事實恰好是相反的，只有冷漠和利用他人才能受益，而體諒他人卻很少獲得好處，是否也要把那些冷漠和利用他人的原則放在德育計畫的中心呢？

由此而知，嘗試將德育奠基於人類福利的事實上，會建構出一座在邏輯上搖晃不穩的建築物。這並不是否認「體諒他人」態度的養成可能是德育的一主要因素，也不是否認這個「計畫」的確設計了一些啓發性的教學資源。但是，若無法對這個計畫所依據的倫理學理論作清楚的評量，並評估其中的缺點，任何這類的計畫將是不切實際且沒有多少作用。

第四節　訴諸理性

　　如果既非權威的勅令，也非關於自然和人類福利的「事實」，可用來提供道德規則與原則的內容，那我們還有什麼資源可以憑藉呢？許多哲學家主張道德基本上是「理性的」事務，而推理的證立構成其核心。有些則更進一步引申，從道德的意義來推論出一些特別的原則，並將之視為道德的理性特徵的結果。

　　皮德思曾提出具影響力的論證，以支持上述的主張，他的理論很值得關心德育的人注意，因他據此詳細討論了該主張在德育上的涵義。皮德思的起點是他自稱的**實踐論辯** (practical discourse) 或**實踐理性** (practical reason) 的活動：「吾人所設定的情境，是任何個人可在該情境中自問：『我應該做什麼？』在這個人面前有多種作法可以選擇，他是在尋求理由以採取一個選擇而非其他。」(Peters,1966) 皮德思主張，如果一個人是「認真地跟他人或自己討論他應該做什麼」，那麼他即接納為行動尋找理由的重要性，而且他也內在地認知到某些道德原則的有效性。

　　像公平或正義的原則都能依此方式來建立，因為在尋找為何吾人必須如此對待他人（而非另一種方式）的理由時（例如，對於一個聰慧穎悟的女生和一個腦筋遲鈍的男生，所表現出的某一特別好或壞的行為，教師是否應給予

相同的獎勵或懲罰），吾人是隱約地承認不同的處理方式，只有在不同的情境因素存在時才能被證立。換句話說，公平**意指** (means) 用相同的方式來對待人們，除非在他們之間存在著**關聯的差異** (relevant difference)；且尋找這些關聯的差異性，是吾人認眞地考慮應該做什麼時不可或缺的一部分。依此類推，皮德思推論出下列原則：誠實、自由、考慮他人利益以及尊重他人等。誠實（說眞話）是必要的道德原則，因爲當一個人認眞地自問「我應該做什麼？」時，就預先假定了他是關心事實的追求與發現；至於自由，因爲任何認眞地自問「我應該做什麼？」的人，必定期望當他做了他有好理由決定要做的事情時，能**不受干擾** (non -interference)；考慮他人的利益，是因爲「我應該做什麼？」的問題同樣隱含人們對何者是值得的之看法和關注將會被列入考慮；另外，尊重他人則是因爲在上述的詢問過程中，每個人都要聆聽其他人對該事務的意見，並尊重他們的觀點。

不用說，有些原則只有一般的性質，不能對吾人在任何特別情境中應該做什麼的問題，提出直接的、無可爭論的答案。例如，要實踐公平的原則，吾人必須決定在兩個人之間何者才算是「關聯的差異性」，使不同地對待他們也合乎正當性。例如，教師不能光憑這個原則，就想知道如何處理同一班級或群體的兒童間之能力、背景、年紀、性別等的個別差異。同時，有些原則很可能在某些場合中互相衝突，像說眞話的原則並不總是跟考慮他人利益的原則相容。然而，這些實踐的問題並沒有威脅到皮德思的立場，

因為皮德思並不主張為道德指導手冊提供現成的答案，以應付所有的意外事件；而是在於提出指導原則的一般架構，讓所有的道德慎思得以參考。

對皮德思理論的主要挑戰，關注到「認真地詢問我應該做什麼」的觀念，因所有的原則均根源於此。何時我能被說是**認真地**（seriously）詢問這個問題呢？大概只有在我真的接受這些原則的有效性時，但這似乎是個**循環論證**（circular argument），只是以對那些原則之承諾來定義「認真地」，不啻否認了任何不是如此承諾的人也能算是認真的。然而，難道我不能既認真地詢問該問題，又不用包含任何的道德意義或言外之意？或許我正認真地慎思年老時應該做什麼，或如何創造藝術的傑作，在這些事例中，我的認真不用隱含對皮德思的公平、尊重他人等原則的承諾。難道我不能認真地詢問問題，而仍停留在道德的範圍和皮德思原則的管轄之外嗎？

此外，如果某人一開始就拒絕或不在乎「認真地」問問題，那麼皮德思推論出的道德規則就不適用到他的身上，因為他並沒有參與道德遊戲。他可能只顧追求自己的利益，滿足自己的欲望，以及毫不關心應該做什麼的道德問題，因而避開了皮德思的任何一個原則。當然，他還是可以認真地考慮應該做什麼以改善他的皮膚使成古銅色。

所以，皮德思論證的主要困難是，某人必須早已是道德行為者，才能感覺到道德的力量。一旦我們處於道德的立場來認真地詢問我們應該做什麼時，我們可能暗中接受了皮德思所描述的那些必要的道德原則，但是我們必須先

玩這道德遊戲才能看到它的規則。這樣一來顯然皮德思理論的適用範圍加上一些限制，但是大多數的人只要有時詢問道德問題並作道德決定，他們仍然算是道德行為者，縱使他們經常不明白，在決定他們應該做什麼時，何者才算是道德上關聯的理由。皮德思的主張在上述的情境中特別有幫助，使道德行為者注意到其詢問道德問題的潛在涵義，即使他必須早已接受一些特定的道德原則，而這或許是他未曾理解到的。

然而，我們還是面臨所有以內容為基礎的道德描述所要面臨的難題：是否有一項原則或一組原則必須被包括進所有道德的形式之必要部分呢？皮德思的原則無一可應用於前文中提及的各類例子，如荒島的船難者，地球大災難的倖存者，外太空的探險家，或愛護動物的人等，而這些人當然還是要作道德決定。儘管如此，對於這些明顯是極端的例子，我們只需記住它們是廣義的道德指標，大多數的道德問題確是有關於某些種類的人際關係，正是這樣，皮德思之理性的、社會的道德及道德論辯的概念還是非常相關的。

皮德思對於道德教育工作提供了很多意見，因為它對道德的說明顯示在教導兒童成為好孩子時可能遭遇到的特別難題。我們已看到他的理論預設了道德行為者會問認真的道德問題，並遵守道德遊戲的規則，但問題是兒童如何學習玩這種道德遊戲呢？根據皮德思的主張，道德是奠基於一組經理性演繹和證立的原則之上，所以道德教育必須是使兒童採行這些原則，但不是用嚴格或不合理的方式學

得。皮德思說：「我的關心重點是發展**自律的** (autonomous) 個性類型，以理性的態度來遵守規則……他不僅必須知道什麼是一般的對或錯，還必須超越柏拉圖所謂的**正確意見** (correct opinion) 的層次。所以他能明白爲何那些規則是對和錯的，並能依照新的知識和新的環境，來修正舊的規則或創造新的規則。」(Peters,1974)

　　兒童如何能被鼓勵來發展這種自律的層次呢？第一節中提到的「道德教育的弔詭」再次凸顯，因爲此處的困難是，幼童遠非是理性的、自律的個性，無法瞭解理由可以使規則正當化，而規則可以被無私地評價與修正。皮德思說：「兒童發展的無理性的事實透露出，兒童在他發展的最初幾年中，無法過這類的（理性）生活形式，也對傳遞這類生活形式的適當態度無動於衷」(Peters,1974)。基於上述的理由，皮德思相信**習慣的養成** (habit formation) 在幼兒的道德發展中扮演著非常重要的角色：「他們能夠也必須經過習慣與傳統的中庭，以進入理性的殿堂。」(Peters,1974) 所以兒童必須被教導一些**基本規則** (basic rules)，且以儘可能理性的態度來採用這些規則而成爲習慣，直到他們能更批判地思考這些規則如何被證立爲正當。

　　話說回來，我們又如何決定這些基本原則是什麼呢？我們再次面臨爲道德界定內容的問題，但皮德思覺得這個不成問題，因爲「在肯反省的人們之間」的想法總會大同小異，認爲這些基本原則是關於契約、財產、照顧幼小、避免痛苦和傷害等。照皮德思的觀點，這些規則是任何可

容忍的社會生活形式中所必要的，並跟上述提及的一般性道德原則有密切的關聯。

　　但對於應該教給兒童的基本規則，可能有較多的爭議，遠超過皮德思所認可的。他所列的基本規則不多，很難為幼童建立適當的道德法典；然而，縱使如此，這些規則也可能不被所有「反省的人們」接受為毫無疑問的道德規則。如果將一群家長聚集起來，其中有馬克思主義者、新拓荒者、吉普賽人、地主階級的紳士、基督教基本教義者、兒童中心說的無神論者等，他們當然都會宣稱自己是反省的人，但即使他們接受皮德思所列舉的一般原則，恐怕他們之間對於契約、財產，以及照顧幼小等，也不會有一致的看法。所以我們又如何決定公認的基本規則，以讓兒童在他們道德發展的早年階段拿來塑造成習慣的規則呢？

　　除了上述的困難之外（那些困難是所有基於內容的道德與德育理論容易面臨的），皮德思在這個領域的作品對吾人的探究相當地有用。特別是他試著要調和他的道德主張和兒童發展的事實之方式，產生了德育如何進行的實在模式，也充分說明了吾人在決定是否能夠教導兒童成為好孩子之前，必須對道德自身的性質作哲學的探究。

　　我們已討論了道德與德育的以內容為基礎的主張，及其代表性的學說。如同前章，並沒有出現關於道德性質和意義的結論性答案，但我們至少瞭解另一個特性，這特性本身雖然不足以提供道德領域的完整描述，但能幫助我們瞭解更多它的邏輯地理，例如，道德議題出現的情境脈絡

是如此廣泛，令人懷疑是否任何一項或一組的規則或原則，能夠適用於所有的道德議題。最廣泛可用的原則是能促進人類福利或考慮他人的利益者，但它們在特殊情境中如何詮釋仍有很大問題，且僅只是訴諸「事實」並不能達成一致的同意。道德規則和原則不能被經驗地確立為對的或錯的，較有可能的作法是嘗試用批判的、理性的證立方法，而我們已看到皮德思採用這個方式來獲致一些人際間行為的社會原則。

本章另一貢獻，乃檢證了許多具有深遠且廣泛影響力的道德教育觀點，係植基於可疑的理論基礎上。此外，雖然規則和原則形成了道德內容的必要部分，不過兒童應該被教導的規則和原則是那些，以及應該如何教導他們，仍是難以解答的問題。儘管如此，關於道德的教學已比較能容易地處理，因為我們對環繞道德意義的問題有了較清楚的概念。

第六章
我們能教導兒童
成爲好孩子嗎？

　　上述兩章中，我們對道德的意義有更多的瞭解，也看到各種不同的定義如何引導不同的德育描述，且如何依照道德的教與學的可能方式來澄清道德的性質，以及吾人對德育的態度又是如何預設了關於德道自身的未經充分嚴格檢查的信念和假定。

　　事實上，若未能理解到許多歧異的觀點確實存在，以致認定道德或德育的意義沒有任何問題，尤其是德育的特別危機。像一些有關德育之實踐的事例顯示，有些很具有說服力的德育教學法，被假定爲沒有爭論的，其實是未能理解到對此單一的、限定的道德說之反對主張。

　　無論如何，教師和家長終究要對他們是否能夠和應該試圖教導兒童成爲好孩子，做一些決定。不能因爲這問題的複雜性而長期地猶豫不決、害怕下結論。因此，這最後一章的策略是引用前幾章中討論過的資料，爲教師和家長所無法避免的問題提供一些暫時性的答案，希望有助於他們決定道德教育應該教給兒童那些東西，以及如何將道德教給兒童。

第一節　內容與形式

在決定德育應該嘗試教什麼之前，我們必須先行解決**形式對內容**（form-versus-content）的議題，因為這個德育主題很明顯地必須反應出道德本身的特性。如果我們是要增加兒童對道德領域的理解，以及激勵他們成為道德行為者，那麼，我們是否要教導他們一些獨特的道德推理方法，或一些獨特的道德規則和原則呢？

從上述兩章可以推論出兩個一般的論點。第一，似乎不可能明確界定任何特別的形式或內容，以便標示出道德領域的外在疆界或內在地標。道德正好不是像這樣的。正如華納克（G. J. Warnock）說的：「『道德』在任何方面，當然不是一非常正確的字詞，或一總是能非常明確地應用或保留的字詞。」（Warnock,1967）這是由於前述的一些說明，提出了在非道德的和道德的領域中均能被發現的特性（例如，規約性和原則的應用）；雖然其他理論引以為重心的因素並無法共通於所有的道德層面（例如，涉及人類幸福或人際間考慮的原則）。第二，雖然形式與內容之間的區分，有助於澄清我們對如何定義道德的想法，但是這區分卻不如最初呈現的那樣鮮明。事實上在我們已探討過的一些理論中，形式和內容間有明顯的重疊區域。例如，黑爾的普遍原則，皮德思的公平原則，究竟真是在描述所謂的道德推理的「形式」呢？還是該推理的必要「內容」呢？

另外，如訴諸權威或人類福利等，究竟較適宜視爲道德證立的「形式」，或作爲道德定義的實質「內容」呢？其實，過猶不及，均不恰當，一旦我們瞭解到不能過於強調內容與形式的區分，就用不著爲澄清以上的問題太費心思。

當我們開始決定德育的主題時，上述的兩個論點就有許多實際的重要性。雖說道德形式與內容的界定，如能夠像地理、歷史等學科的界定那樣明確，較爲方便和令人滿意；但道德的結構和範圍實在是太具有彈性，以至於無法精確地分析。道德的形式和內容是多面向的，我們能做的最好就是盡量掌握其中的各小部分，越多越好，並省視它們彼此之間如何互相連結來展現道德的許多層面。我們最多只能找出它們的最典型特徵，而不要假裝已達到一套結論性的必要和充分條件。如果要施予兒童道德教育，這些**典型特徵** (typical features) 必須教給兒童，內容與形式並重，沒有必要在它們之間作刻板的選擇。因爲，假使其間的區分是模糊不清，而道德自身又是具有多面向的特質，那麼將德育完全集中在形式或內容的任何一端，都會使德育受到不必要的限制和扭曲。兒童必須精熟我們所能夠提供給他們的最大範圍的道德理解。

那麼，我們究竟從以上的討論裏，找到那些道德的「典型特徵」？又如何讓兒童認識這些特徵呢？底下有關如何進行道德決定的典型素描，可以提供我們一些有用的指標。假設有個中學生目睹一個人在馬路上危險駕駛，險象環生，雖然沒有人受傷，但他必須決定是否要報警處理。如果他是個道德行爲者，他必定會自由地決定，知道自己

何以如此決定，並且具有相當程度的獨立判斷；他不會因為父親或老師叫他去報警，就不加思索地去報警，也不會因為他的朋友叫他不要管閒事，就忽略這件事。他必須考慮自己的決定大概會有什麼後果，他必須在心裏想像這樣的決定會如何影響他人，可能會有什麼好處或壞處。經過思考後，他會尋求證立自己決定的理由，這些理由必須是一般的、不徇私的；像他那時剛好覺得很累，或他知道那輛車的駕駛是誰等事實，都不會是道德上相關聯的考慮。他的理由是可以用規則或原則來表達，而這個規則或原則是他準備應用於其他類似的情境中；如果他決定危險駕駛的事件應該報警，那麼身為道德行為者，他必須一視同仁地將此一危險駕駛向警方報告，而不管該駕駛人是他自己、朋友、家長、教師或任何人。最後，他必須按照他的決定來行動，去做他判斷是對的事情。

此一描繪，跟威爾遜對受過道德教育者的描述有很多共通之處，雖然威爾遜似乎認為對道德的必要特性作一全面的說明，並非不可能。但本書的看法較不具野心，因為必須再次強調，我們的調查研究暗示了：在任何道德活動的綜合性圖像中，均無法將每一項特性完全地描繪出來。雖然如此，這個素描倒是指出了一些主要的典型特徵，藉此為道德教育提供了一些合理的目標。如果我們現在轉而考慮如何達成這些目標，很明顯地，我們需要一些不同的教學型式。於是，回到第一章中所描述在事實的教學（teaching that）、技巧的教學（teaching how）和實踐的教學（teaching to）之間的分野，並進而檢驗三者之分

別貢獻。

第二節　事實的教學

　　教導某些事情是這樣而某些不是這樣，是德育不可或缺的一部分，因為缺少事實的堅固基礎，吾人就沒辦法進行健全妥當的道德決定。然而，這並不意味有著所謂的**道德事實**（moral facts），可以直接作為德育的道德內容，上一章中的討論已排除了這種可能生。像上個例子的中學生，需要的資訊是有關道路安全、意外事故的肇因、肇事後被害人會遭受的傷痛、駕駛人被定罪後的懲罰，以及報案手續等事實，但這些都不是最終確立他應該做什麼的「道德事實」，而是他必須考慮的要素，以達成有知識的、理性的判斷。

　　要明白年輕人在作道德決定時，那些資訊的選擇最為有用，並不是件容易的事，因為不同的情境需要不同的事實性知識。吾人所能做的是，預測他們最有可能面臨的道德情況，並確定他們擁有了在那些情境中最有關聯的資訊。可能比較需要事實性資訊的明顯領域，包括：(1)家裏、學校裏和馬路上的安全準則，因為此處兒童的行為較容易影響或危及別人和自身的安全；(2)個體與集體心理學，因為所有年齡層的兒童都要增進其瞭解：為何人們在某些特定情況中會表現特定的行為，使他們更能預測別人和自己的感受和反應；(3)情緒、社會、心智、生理、性等方面的

發展，兒童瞭解人類差異的廣泛範圍後，才能在決定如何對待他人時，將這些差異列入考慮；(4)心理與生理健康，因為兒童必須理解正常情況下何者算是健康的或有益的，才能據以詮釋所謂的「人類福利」。當然，上列的範圍幾可無限制地擴增，因為道德行為者最好能盡量運用事實，鉅細靡遺；不過，上列的領域至少為有計畫的教學方案建議了起始點。或許「個人與社會教育」的趨勢在此最為適當，因為許多事實資訊均包含了對自己和他人的理解和認識。

此外，德育是否有必要教導兒童，道德是由一些他們所必須遵守的「規則」組成？這就是前述的「道德教育的弔詭」，如何使兒童開始其道德之旅而又不妨礙他們後來成為獨立的旅行者。對這類的教學形式，我們如何來歸納出一些結論呢？

(1)幼童必須被教導什麼是規則，因為規則與原則是表達道德語言的媒介。

(2)兒童必須被傳授一些可遵行的簡單規則之範例，之後他們才能開始形成自己的規則。

(3)總有一些所謂的「基本規則」(例如，不得傷害他人)，而只有一些怪僻的哲學家，和一些最放任的家長，會否認應該教給兒童這些基本規則。

(4)實行規劃時，應該讓兒童知道這些規則的簡單但合理的證立理由，即使兒童需要一段時日後，才能開始瞭解其中的道理。

(5)應該及早讓兒童明白，規則並不是經過證明的事

實，而是一種道德判斷，因此，這些規則能夠被理性地支持、討論、質疑，甚至修正。

(6)所以，任何以特定的規則形式來教導的道德內容，必須假定是暫時的；因為道德教育的最終目標，不僅是讓兒童「遵守」某些特定的規則，也是讓他們自己尋求證立規則的理由，並理性地檢視這些理由。

上述幾點指明：在實務工作中，道德事實的教學經常與教學的第二種形式——道德技巧的教學——有很密切的關聯。教導兒童遵守某些道德規則之後，很快地就得教導他們「如何」為自己形成道德規則與進行道德判斷。接下來就讓我們來考量道德推理中最重要的一些技巧，和可能傳授這些技巧的方式。

第三節　技巧的教學

從教育的觀點看，道德推理的首要典型特徵，乃在於進行道德決定時所需的獨立判斷和自由抉擇。這是個廣義的要求（不僅適用於道德領域，也適用於所有理性思考的層面），並不像繫鞋帶技巧那樣可以輕易、直接地教給學生——雖然「作決定」已逐漸被認為是一種可被教導的混合能力。然而，兒童要發展這種道德的構成要素，最具影響力的是教師和家長的態度和榜樣，而不是什麼特別的教

材。藉由相關的資訊來作決定，而非僅聽話做事，是兒童從那些以身作則且希望別人如此做的成人那裏學習來的歷程。至於那些抱怨兒童不會或不能「為自己思考」的教師或家長，大都是那些實際上給予兒童太少機會來導出自己的結論和自己作決定的成人。當然，這樣會是既費時又勞心勞力的工作，比直接「告訴」兒童想什麼和做什麼慢很多，可是不如此，又如何說是讓兒童為自己思考？又如何讓他們邁出成為自律的道德行為者的第一步呢？

本書第二章提過的兩種教學趨勢或許值得再回顧一次。首先，「學校委員會人文課程計畫」鼓吹的價值中立說，隱約否認了那些學生被鼓勵去討論的爭議性問題會有所謂權威性的正確答案；道德行為者所作的決定和判斷，不能是盲目地接受權威人物所召告的意見，也不能只因多數人的主張而附和大眾的觀點。因此，價值中立說強調了獨立判斷的重要性，也展現一種毅然的決心，要讓兒童自己衡量證據，並達成自己成熟的結論。其次，價值澄清法，透過對話和討論，引導兒童分析自己的價值觀，以及所持的理由。在此最強調的是自由抉擇，個人的價值是從許多選擇方案中抉擇而來，此係仔細反省每一方案之可能結果和涵義而形成的。課堂上還有許多「遊戲」和模擬練習，以幫助學生來作這類抉擇（參見第二章第三節）。

由此可見，有些教學策略可用來幫助兒童進行自己的選擇、決定和判斷。但是，是否任何較為特定的、道德推理的典型特徵也都能作為技巧來教授呢？本書第四及第五章的研究顯示出這類特徵的一個內在相關組群，即道德判

斷的典型特徵是：一般性、普遍性、邏輯一致性、客觀性、超然性和無私性。要將前文關於這些特徵的討論作一總結，最好的方法就是用否定的語詞來指出道德推理「不是」什麼。道德判斷與道德決定不能不顧及一般的原則和規則而任意獨斷或一意孤行；不能被視為跟其他相似情境沒有關聯的；也不能當作僅只是個人一時的興緻、品味或感受的表達。道德推理就這方面來說是**非個人的**（impersonal）事務，然而弔詭的是，道德推理經常被應用於對個人的人際關係、個人的利益和個人的福利等作決定。正如危險駕駛的事例中，那位中學生必須作「非個人的」道德判斷（即不考慮個性和他自己對此的感受），然而他的決定又必須考慮到他的作為會如何影響其他人的個人福利。

　　道德推理的這種「非個人的」特徵，呈現出一些教學方面的困難，特別是涉及到幼童**自我中心的**（eqocentric）和**具體的**（concrete）思考模式時。兒童使用一般而非特殊詞彙，並採取超然、無私的觀點來作推理的能力，似乎發展得相當晚，而且在何種程度上這類能力可以被教導，仍是一個令人存疑的問題。例如，郭爾保主張直接式的教學不能夠使兒童的道德思維，從較低的層次提昇到較高的層次（Kohlberg, 1970，1976）。

　　即使如此，至少表面上看來，有些教學的形式，似乎可以為道德推理技巧提供一些有用的、必要的基礎。其中一個方式，可在一些挑剔的教師或家長身上看到令人熟悉的反應：「如果每個人的行為都像這樣，結果會是怎樣？」或是「如果別人這樣對待你，你會覺得怎樣？」雖然成人

問這些問題時，經常沒有瞭解到問題背後的哲學基礎，不過，這仍然是讓兒童注意到一般性和普遍性等道德特徵的好方式，使兒童離開「自我中心的」觀點，而試著去想像他人的看法。除非兒童設身處地，開始做這類思想實驗，不然他的道德發展一定會受到極大的限制。

「學校委員會德育計畫」在這方面也有許多的貢獻，如果撇開它令人懷疑的理論基礎的話。「生活線」為青少年設計的教學資源，以及「起始線」為八至十三歲兒童規劃的教材，都強調兒童發展人際間認識的必要性，重視瞭解他人的觀點和設身處地為他人著想。這種「消除自我中心」的歷程，不管對兒童的體諒心有何影響，確能使兒童進行更客觀和更無私的判斷。

上述的這兩種趨勢，藉由闡明道德推理的**非個人化**（impersonality），將有助於發展和淨化兒童的「公平」概念。教師和家長必須注意「公平」這個重要的觀念，因為它是幼兒道德字彙中的基本字元，同時也是一具相當哲學意義的道德原則。例如，它是皮德思理性演繹的原則之一，也包括了前面提到的道德的「非個人」特徵；一個公平的決定是可以應用到其他類似的情境中，是邏輯一貫的，是以無私的、非獨斷、非主觀的態度所得到的。因此，教師和家長必須掌握機會來跟兒童討論什麼才算是公平、不公平，以及為什麼的理由；除此之外，似乎沒有其他更好的方法來教兒童練習道德推理和演練所需要的技巧。日常生活中隨時發生的具體事例，都可用來和兒童討論（例如，兩個兒童有同樣的錯誤行為，如以同樣的方式處罰他們，

是否就一定是公平的？），以引導他們在推理（如種族隔離制度是否一種「公平的」社會組織系統？）的後期與更高階段中，能考慮將原則作更一般性的應用。

當然，關於事實的教學和技巧的教學，仍然還有許多可以討論的地方，但是我們現在似乎可以安全地假定：有一些道德的典型形式和內容是實際上可以教的。兒童可被教導許多事實資訊，這些是進行理性的道德決定的首要事物；他們能夠在幼年階段就被傳授一些基本規則，這些是全部或大多數道德行為者會接受的；在適當的發展層次上，他們也能被教導這些規則背後證立的理由；他們可被教授來對道德問題，開始自由地和反省地下決定；他們也能被指導如何依道德「非個人的」特徵來進行道德推理。不用說，上述的這些項目並不是全部都可以直接教或能立即見效的。大多數的項目都是長遠的目標，要經過相當時日的累積經驗、反覆練習、心智成熟和接受教育後，才會有成果。雖說如此，積極的教學還是有很大的空間，像是讓兒童熟悉道德的那些層面，鼓勵他們發展成為道德行為者。

然而，仍然有最困難的問題擺在眼前。縱使我們順利地教導兒童有關道德的特徵和相關的一些事實和規則（事實的教學），以及教導他們一些道德推理必要的技巧和步驟（技巧的教學），這樣還不是德育的全部工作。我們或許能夠教導兒童一些道德行為者需要具備的資訊和技巧，但我們是否能保證他們會「使用」這些資訊和「應用」這些技巧呢？我們是否能夠不僅教導兒童「有關道德的事」，也

能教導他們「要去做道德的事」、「要成為道德行為者」呢？現在我們必須開始探討這個難解的問題了。

第四節　實踐的教學

　　本書第一章提過，教導兒童「去做某件事」(to do X)，跟教導他們「明白某件事」(that X is) 或「如何去做某件事」(how to do X)，是不同類型的教學。我們可以教給兒童一大堆資料，而不教他們「要去」(to) 使用這些資料；可以教導他們如何去做某些事情，但不教導他們在適當時機「要去」做這些事情。我們究竟實際上教了些什麼，而兒童究竟學了些什麼呢？如果我們不是要自欺的話，當嘗試任何形式的道德教學時，必須記住上述那些可能性；因為在上節之末我們已注意到，兒童可能被教和學了許多關於道德的事，可是面臨真實生活中的道德抉擇時，卻可能辜負期望而沒能使用學到的資訊和技巧，或是沒能依照自我形成的道德判斷來行事。所以，實踐的教學跟事實、技巧的教學一樣，在德育中扮演著重要的角色。

　　如果忽略不同形式的道德教育，結果將會是對德育的目的和成效產生相當的混淆和困惑。例如，在美國和加拿大，有些德育的計畫是依據郭爾保道德發展的研究，但是郭爾保最主要是關切道德判斷和推理，比較上，對於會影響兒童是否依據判斷去行動的因素較為漠不關心；所以，縱使這些計畫成功地提昇兒童道德推理的層次，並不代表

兒童就必定會是道德「行爲者」。同樣地，英國的「學校委員會德育計畫」，如果沒有留意到教學型式之間的區分，也會產生一些錯誤的結論。例如，這個「德育計畫」在三百個學童身上實驗「生活線」設計的教材後，從兒童在十個情境中的「紙上測驗」得分紀錄發現到，對他人的需求、興趣和感受比實驗前增加了百分之五十。雖然，紙上測驗的「正確」答案（這結果來自事實、技巧的教學），不能據以認定已經成功地教導兒童能夠道德地行動；可是，「德育計畫」卻立即下結論說：「無疑地，這類的工作能夠產生態度的改善，也能產生行爲的改善。」（McPhail, Ungoed-Thomas, & Chapman,1972）。

那麼，我們究竟能不能教導兒童做個道德行爲者呢？這其中的重要關鍵並不是事實或步驟的知識，而是動機。當我們具備所有必須的資訊和技巧，卻沒能像道德行爲者那樣地行動時，這經常是因爲我們不「想要」（want）如此行動。不幸地，吾人相信應該做某些事情，卻沒能將信念轉化爲行動的現象，並不是罕見的人類經驗，其乃屈服於庫柏所謂的「鴻溝」，庫柏認爲這是道德生活的一個主要特性。這類行爲經常歸因於吾人的**意志薄弱**（weakness of will）——從蘇格拉底時代以降，迷惑了很多哲學家的神秘現象（參見Mortimore, 1971，Straughan, 1982）。對這個「薄弱」現象的最適宜解釋是，我們有時候就是不想做我們相信應該去做的事。例如，一位女生可能有很多好理由「應該」在她答應的時間之前回家，以避免父母擔心她的安全；但也可能受其他理由的影響，促使她「想要」跟能

愉快相處的好朋友待在外頭，而不管回家的時間。

　　由此可見，教導兒童成為好孩子，必須是教他們「想要」成為好孩子。源自事實和技巧教學的知識和能力本身並不足以確保這個想要成為好孩子的動機，雖然有時候兒童會想要應用這些他們學到的知識和能力，來形成道德判斷並繼之行動。很顯然地，沒有任何教學方法能夠「保證」產生這種適當的動機和後續的行為，因為「教學」（不像制約和灌輸）意指學習者是個自由人，能夠接受或拒絕所被教導的東西；此外，道德的「鴻溝」也指出，人並不總是依據道德決定來行動，這個可能性是存在的。

　　儘管如此，如果德育不是完全「理論的」工作，那麼就不能不顧及實踐的教學。這類的教學既然不只是知識和技能的傳遞，我們又應該注意那一方面的問題呢？答案就在於道德的一個構成部分，以上各章屢次提及的「感受」因素。

第五節　感受與動機

　　當我們「想要」做某件事時，我們感覺受了那件事的吸引或對它有積極的傾向，這是因為我們看到它或它的可能後果是可欲的。如果德育目的是讓兒童想要成為好孩子，那麼就要向他們呈現道德行為是可欲的，以使他們感受到動機來道德地行動。因此，「感受」這一道德和德育的構成要素，有其實際的重要性，雖然它也是最易遭致誤解

和扭曲的要素。例如，我們早已討論過黑爾在這方面的說明很難令人滿意；而情緒主義又錯誤地主張吾人的道德判斷是由吾人的情感所引起的，以至於將道德教育（暗示地）轉變爲情緒操作的歷程。

　　因此，感受和情緒的功能，它們跟道德動機的聯結，都需要仔細的檢查，因爲將道德描繪爲「情感的事情」是一糾纏不清的問題。我們感受到了我們想要道德地行動，因爲我們用特定的角度來看某一情境，而這樣一來使我們有了動機去做關於該情境的一些事情。例如，我可能感受到我想要捐錢給一個拯救飢荒的專案，因爲我知道這個捐錢行動，並知道這樣一來可以有助於拯救人類的悲慘情境（這些目標吸引我視它們爲可欲的）；而不是爲了淘空銀行裏的存款（這是較不具動機的觀點）。吾人對情境的判斷和詮釋，有助於決定我們對它們的感受，這意味著德育不能從直接影響兒童的感受和情緒著手。我們不能避開判斷和理解的領域，除非使用藥物、催眠和動腦手術。

　　因此，進行德育的人，需要對情緒在道德行爲中扮演的所謂極其重要的角色，採取一種平衡的觀點。例如，我們不能單憑鼓勵兒童「表達自己的情緒」，而希望這樣會有益於他們的道德發展；因爲道德行爲者經常必須「控制」他們的情感，以便能冷靜而在非亢奮狀態下作決定。同樣地，雖然體諒他人（或黑爾說的「愛」）代表德育的一個明顯目標，但並沒有必要激使兒童對某些特定的人（如家長、教師、朋友等），發展強烈的激情或忠誠；因爲，這樣一來會對道德推理的「非個人的」要求產生不利的影響，特別

是情境中不同人之間存在互相衝突的利益時，必須能「無私地」衡量。

　　將這些關於道德感受和道德動機的一般論點謹記在心，那麼，要教導兒童想要成為好孩子，應該怎麼做呢？實際的做法主要視乎兒童的年紀和成熟程度而定，就如郭爾保指出：兒童在不同的發展階段中，做事的動機往往因不同的考量而有差異。在發展的較低階段，獎賞和懲罰逐漸被認為是道德的獎善和懲惡，假定皮德思所謂的「兒童發展的無理性的事實」是正確的，很難看出德育如不用獎懲的方法，將如何開始引起動機？這些獎懲的方法在傳統的價值傳遞形式中更為常用、普及。獎賞和懲罰可視為動機天秤上的砝碼，直接增減行為的吸引力，也因此潛藏著優缺點。優點是獎懲的運作可能左右兒童對情境的看法，使他能想要去做他認為合理的事情，否則他可能會不想去做（例如，小強知道照顧妹妹會受到獎勵，丟下她不管而跟朋友去玩則會受到處罰）。另一方面，獎懲的缺點是兒童會因為某類行為所附帶的獎勵或譴責，而表現該類行為，並不是因為他瞭解到行動中的任何道德特徵；他的推理可能停留在「我這樣做有什麼好處」的（非道德的）階段。所以，外在的獎懲最好視為**道德前期**（pre-moral）的技術，目的在控制和修正兒童的動機及後續的行動，但不太可能增進兒童對道德理由的掌握，或促進他們據以行動的意願。

　　藉著賞罰來教給兒童的並不是道德本身，而是道德的其中一面：一致性。道德行為者必須一致地遵守道德推理

的規則，一致地把結論付諸行動。當然，幼童並不能呈現這種程度的成熟和道德一致性，可是他們至少可以養成習慣，開始合理地、一致地遵行某些「基本規則」，部分是由於其中附帶的賞罰。這種教學過程不必有無法令人接受的權威，因爲，借用皮德思的隱喻，當幼童還在習慣的中庭打轉時，他們當然也有可能瞥見理性的宮殿。以前述的小強爲例，他的家長可以獎勵他照顧妹妹的行爲，因而協助他養成照顧弱小的習慣，且在其同時家長也要向他解釋獎賞的理由。

因此，以理由的解釋來支持獎懲的使用，可以教導幼童養成一致的習慣；在道德發展的早期階段，養成遵守規則的行爲習慣，會是特別適當的，因爲兒童在這個階段最受懲罰的印象所影響，而在這時候一些社交生活的基本規則也必須傳遞給他們。但是，對於年紀較大的兒童，我們是否能夠做任何事來鼓勵他們使用日漸增加的知識和能力，來形成道德判斷並據以行動呢？再一次地，沒有任何教學可以保證這樣的結果，但這並不意指德育在這方面完全無能爲力。

首先，較大的兒童可被教導來關心道德，正如他們可被教導來關心其他的學科一般。每一科的教師，不管是歷史、科學、數學或語言教師，只要有技巧又具熱誠，都能傳達該科的特色，藉著教導該科獨特的規則和步驟，使兒童產生動機來接受這個特別的學科、採取它的推理模式，並正確地運用它的方法來解決問題。要達到這種學科的陶冶，主要的因素之一，就是教師以個人事例以身作則，讓

兒童清楚地瞭解教師專精於這學科的研究步驟，並能解決實際的困難，且能感到滿足與自豪。同樣地，當教師和家長傳達道德事項時，也必須以身作則，顯示當一項困難的道德問題達成理性、可證立的決定時所經歷的挑戰與滿足。當然，這些問題的解決，並不像數學問題那樣有所謂的「正確答案」，但是兒童還是可以被教導有較好或較壞、令人滿意或不滿意的方法以進行道德決定，所以他們也能關心其道德推理的品質。

其次，成人要能教導所有年齡層的兒童以道德字彙來說明所面對的情境，並要能正確地應用道德概念。道德字詞本身具有贊同或不贊同的言外之意，這些是我們幼年時開始使用道德語言所學到的。例如，「那是偷竊！」或「那是欺騙！」並不只是描述的陳述句，它們也表達對那些行為的不贊同。兒童的道德字彙反應出這種強烈的「感受」成分，因此，一位兒童如果學到一些概念，像偷竊、欺騙、殘暴、不公平、懶惰、不誠實、貪婪等，會傾向於對他歸類為上述任何一項的行為，採取否定的感受；他不會在相同的情況下贊同殘暴或不公平，也不會想要本身變得殘暴或不公平。但是，他要如何來認知事例並歸類呢？某兒童可能覺得自己反對「偷竊」的念頭，然而，卻不將未經園主允許就進入果園撿蘋果的行為歸類為「偷竊」。所以，最大量的討論在這方面會是最有幫助的，像是討論某些具體情境如何能被描述和分類，或討論如何能夠將道德概念應用到那些情境中；也可教導一個三歲小孩：吃超過自己想要吃的東西，而讓別人不夠吃的行為就是「貪婪」；或是跟

一個青少年討論關於墮胎、安樂死、避孕、戰爭等究竟算不算是「謀殺」的問題。

最後，也是較爲特殊的，道德教育可能會影響兒童如何去感受他人，繼而會影響兒童如何對他人表現其行爲。道德很典型地關聯到人際互動和人際關係，所以道德感受的層面以及它如何被教導的可能性，都必須以專節來作特別的考量。

第六節　關心他人的感受

某位兒童可能會接受某些好的、道德的理由，支持他在公車上讓座給一位老婦人，但是如果他相當不喜歡一般老婦人，或是此刻正好遇到的這位特別的老婦人，他將較不可能感受到想要做他認爲應該要讓座的行動。在這個道德領域中，主要的動機性要求，是關注他人的利益和欲求，促進他們的福利。所以，那些德育的形式可能會產生有效的貢獻呢？

各種不同的「社會經驗」會是必要的。這個不喜歡老婦人的兒童可能因爲對她們的瞭解很有限，而這可由讓他知道得更多來改善。當然，和任何團體的人群保持密切的、常規的接觸是並不必定增加對他們的喜歡（例如，那位不想讓座的兒童可能從他廣泛接觸老婦人的經驗中歸納，她們比他原先想像的還要不懷好意和不知感謝他人），但是，較多的知識和理解經常會產生較多的寬容，因爲較能知道

他人的態度和信念、希望和恐懼；也較不會不問青紅皂白地對一群人貼上標籤（如老婦人），而沒有適當地覺察到其中每個個體的獨特性。

因此，兒童如果未深入瞭解其他人怎樣生活、怎樣看待世界，就無法學到考慮他人的利益和感受。道德教育在這方面的範疇相當廣闊；例如，包括許多學校的正式和非正式活動，像是演話劇、辦音樂會、組織社團，或參加學校的露營活動、郊遊遠足、海外旅行、交換訪問學生、協助募捐的活動，以及擔任安老院、醫院、殘障人士的義工等。安排這些活動，必須考慮到兒童的年紀和心智成熟程度，而重心應該在於讓兒童能有與別人合作、爲同一目標工作的經驗，同時增進其對個人和團體的瞭解，雖然這些人或團體的看法或利益在先前都顯得遙遠或無關緊要。這些活動在兒童對待他人的動機性態度上會有不可忽視的效果。

這類社會經驗通常不算是學校課程的正式部分，而實際上除了教師之外，家長、社團領導人和一些有心人都能安排推動。雖然如此，學校總是被合理地期待在兒童「關心他人的感受」這一重要層面中有獨特的貢獻。暫時不管學校是否決定提供一特別的德育計畫，我們在這裏必須先檢查課程中較爲傳統的元素。第二章中曾提到「跨越課程的價值」這一德育趨勢，例如，文學教師很難避免跟學生討論小說中人物的個性，以及這些性格如何影響他們思考和行爲的模式；歷史課程提供類似的機會來分析歷史人物的動機與意向，有助於兒童對人類行爲的瞭解，也增進他

們同理心的能力；至於地理和社會課程，則可以介紹很多不同的生活方式和人生觀，擴大了兒童關於「人」的概念。

　　至於宗教教育在這方面能夠或應該做什麼，是較為爭議性的問題。宗教教育在學校課程所引起的許多問題，無法在此詳細說明，但是，和我們目前的探究特別相關的是一個不容否認的事實，宗教信念對於人與他人之間的感受和行動能夠發揮強大的影響力；這並不是因為神聖的制裁會令一些信徒動容，而是因為宗教可能傳佈「人是什麼」的獨特主張。當然，這並不是說兒童應該被教導特別的道德勒令，只因為這些勒令是由某特別的宗教權威訂定的。可是，如為了避免這種陷阱而趨向於另一個極端，且剝奪兒童領略宗教對人類經驗的詮釋，也是不合正當性的作法，因為這類詮釋曾經是也仍然是塑造人類世界觀並從而瞭解人類在宇宙間地位的工具，這也包括塑造人與他人間的關係。這類宗教觀點的有效性，當然不能像數學定理那樣可以證明，但這並不減弱它在學校課程中的地位，就像其他課程領域如美術、音樂或文學一樣（Straughan, 1974）。

　　上述論點支持了晚近對宗教教育的新思維，主張宗教教育的目的不在於「建立信仰」，而是藉由宗教的不同信念、詮釋與實踐來探索宗教的性質（例如，Sealey, 1985）。宗教教育的新思維，可能有助於發展兒童對他人的關心，並提出各種不同方案的**人的觀點**（views of man）來讓年紀較大的兒童考慮和討論。雖然本書第五章已論證過，有關人類天性的「事實」，並不能直接提供吾人道德規則和原

則，但是，在我們認爲人是什麼，什麼對人是好的，以及我們應該如何對待他人之間，應該還是有密切的關聯。如果我們將他人視爲「兄弟姊妹」或「神的兒女」，相對於將之視爲自然淘汰的最終演化結果，或唯物論者所宣稱的「四桶水加上一袋鹽」，自是會以不同的感受和行爲來對待他人。最重要的是要弄清楚，什麼是我們相信爲最適宜和脈絡一貫的「人的觀點」，因爲，身爲道德行爲者，我們無可避免地須將決定要如何對待他人的基礎，根植於吾人對於人類「天性」的最基本假設和信念之上（White, 1973）。

宗教教育促使兒童注意的「人的觀點」，不用也不應該全然都是「宗教的」，因宗教都假定有眞神的存在。抱持基督教概念的人，須能夠與世界上其他宗教的詮釋者，及持非宗教的信念系統和教條者等，一同來討論。例如，馬克思主義者、佛洛依德派的心理分析師、達爾文主義的生物學家等，都各自代表某種獨特的觀點；至於種族霸權和生態保護等理論，也各意含著不同的「人的觀點」。所有上述的主張都包含**形上學**（metaphysical）的元素，呈現對人的本性、功能和命運等的不同假定，而這些都不是經驗上可以建立的有關人類的事實。我們應該要與青年人小心地檢查那些隱含的假定和價值，使青年人能以知識性和批判性的方式形成自己的「人的觀點」。至於與兒童的討論，可以從探討人與動物的異同開始。

最後，我們還有一個重要問題必須解答，即是否應該教導兒童某一個「人的觀點」比其他較好或較正確。如果兒童的情感、態度和行爲會受到他們所接受的詮釋影響，

教師和家長究竟是要促銷他們相信的那種詮釋，還是允許兒童在免於成人的壓力下作出自己的抉擇呢？

第七節　描述、評價與中立

　　有個重要問題雖然在第三章提起，但一直擱置沒有去處理。這個問題是，如果道德有兩種意含（描述的與評價的），相符地，道德教育也有兩種意含，那麼當我們決定教導兒童道德時，心中所想的應該是那種意含呢？我們已經很充分地討論德育的描述說明，指出德育可以慎重地與系統地向兒童介紹道德形式與內容的主要特性，使他們可以學習像道德行為者那樣行動。道德問題跟科學、歷史、藝術等問題一樣，時常出現在年輕人的日常生活中，然而，用來增進兒童道德理解水準的教育努力，比起消耗在其他知識形式的教學努力，經常是不成比例的。此外，道德的性質實是複雜微妙，正如課程的其他領域，德育也需要許多的技巧教學，因此，不能只是「丟給家長」，就如兒童的教學、藝術教育亦然。雖然家長很明顯地可以支持與補充其子弟的道德教學，但正如其他學科的教學，當然必須他們的知識和理解是適當的。

　　以上的探究強烈地建議，所有的學校至少必須教導德育的描述形式，且由明白道德的複雜性質和箇中議題的教師來進行教學。但評價的德育又怎樣呢？若兒童只是學到道德如何運作，知道道德行為者如何推理和行為等，就是

足夠的德育嗎？或許教師和家長也應會進而提出他們贊同的正向的道德觀念、理想和行為準則，以使兒童也能如此贊同。然而這樣一來，是否會無可避免地只以絲毫無關道德的服從、溫順，或情緒反應為目標呢？如果要避免這類危險，是否道德教育者保持嚴格中立的立場是唯一可行的方法呢？

　　近年來，有關**中立的教學**（neutral teaching）是否值得追求或甚至是否可能的討論有很多，本章及第二章提到「人文課程計畫」時也涉及到這個主張，且此項人文計畫更肇致許多生動又深度的辯論（Taylor, 1975; Brown, 1975）。我們在此無意對這些辯論作綜合性的說明，而是簡要地列出跟評價的德育相關的論點。這樣做有助於掌握教師中立與否的論辯中一些主要的議題，同時也提供一項方案以解決吾人的問題：究竟我們是要教導兒童成為（評價的）「好」（good）孩子，還是（描述的）「道德的」（moral）孩子呢？

　　(1)我們首先要注意到道德與德育的描述性意合與評價性意含之間的區分，跟道德形式與內容間的區分一樣，都有可能變得模糊不清。假如，我相信道德是要用特別的推理形式來界定（如包括普遍、規約的判斷），或是另外要用一組特別的規則和原則來界定（如公平和體諒他人），那麼，作為道德行為者，我將要贊同那個推理形式，或那些規則和原則；我必須接受和應用它們，並期望他人也如是做。相同地，如果我的角色是道德教育者，我必須邏輯地支持我所教導的那個推理形式或那些規則和原則，因為這

樣是道德一致性的要求。所以，雖然爲了分析的目的，「原則上」區分描述和評價的兩種意含是有用的；「實際上」道德行爲者或教育者在形成特別的判斷和進行實務的決定時，這兩種意含傾向於立即合一、不分彼此。

由此可知，純描述形式的德育理念是有點不切實際的。任何德育計畫必須選擇一定範圍的題材來教，藉此也表達出對於所選擇的教材是贊同的，並認爲與兒童的道德發展相關聯；如所表達的贊同係在決定設身處地的能力是道德上重要的，且應作爲計畫的目標之一。僅僅是教導兒童關於個人的道德概念，而沒有表達出對那概念的認同或喜好的態度，就理論或實踐的角度來看都會是很奇怪的事。如果教師本身未顯示任何意向以促進他認爲是道德的事項，他就不能表現爲道德行爲者，這樣將無法給予兒童多少對於何謂道德行爲者的概念。

(2)我們是否有必要悲嘆這個事實，即限制德育爲完全描述的教學是不可能實現的嗎？或許我們可以從贊成給兒童特別的道德觀，得到正面的教育優點。皮德思的「道德教育的弔詭」意指，在幼童的教育方面，這類評價的德育是必要的，不過，這是否也可以正當地應用到其他年紀的兒童身上呢？本書第二章中提到華納克（Warnock）令人注意的論證，旨在說明教師中立的不可行性；她宣稱如果教師是在教論證的話，他必須是論證中的領導者，因此，他必須向兒童實地說明如何進行道德論證，及如何歸納結論。華納克的觀點跟上述提到的有關學習成爲道德行爲者的論點，有很多一致的地方。畢竟，我們並不希望科學教

師爲了保持「中立」，而拒絕讓學生知道科學家是如何實際地解決科學問題，或拒絕讓學生瞭解他們是如何從科學的證據得到結論；同樣的論點可以適用到其他學科的教學。那麼，爲什麼道德教育者就必須因爲中立的訴求而束手縛腳呢？

(3)在兒童的道德教育過程中，如能看到成人以身作則是非常重要的；而他們目睹的事例，如果能是道德行爲者所做的，而非某些權威人士表達他們的感受和喜好，那麼兒童將會有更深的印象來潛移默化。成爲道德行爲者，比僅僅表達贊同或不贊同，及試圖使他人分享自己的感受，更爲令人激賞。道德的重心是**理性的證立** (rational justification)，而正是這個要求，能在描述和評價的道德教育之間，搭建起一道跨越鴻溝的橋樑，防止評價的德育墮落爲權威灌輸和情緒操縱的歷程。

道德行爲者藉著訴諸理由和原則來證立他的決定，而這些理由和原則是能夠理性地討論、支持和批評的；只有在他相信他的決定可依照道德的步驟來證立時，他才會下結論說他的決定是道德上正確的，而且應該要付諸行動。教師和家長因此須嘗試向兒童傳達，理性的證立歷程本身授權並要求道德行爲者公告周知他的信念和承諾。

(4)著重道德論證之理性程序的評價性德育形式，是描述性德育形式所必要、可欲的補充物。然而，由於道德的特性，使得這類積極的教學成爲既細微又困難的事務。一方面，華納克的評論，強調教師或家長要清楚地表達個人道德觀的必要性，並說明其勝於其他人觀點的優越性；然

而，另一方面，我們早已注意到道德結論無法被經驗地證明是正確或錯誤，道德論證總是因爲新的情境、新的詮釋、新的考慮而會被挑戰和質疑。

　　道德教育者如何調和德育的這兩個明顯衝突的特性？唯一合理的步驟是同時承認這兩特性的重要：首先，教師藉著教導他自己相信是道德上正確或錯誤的事情，以及教導他爲何如此相信的理由，來向兒童實地說明如何嘗試去證立一個道德觀點；其次，藉著鼓勵兒童對那個觀點批評地質疑和評估，來證明身爲道德行爲者之教師重視獨立判斷和理性討論的價值。雖然藉由採取上述的方法，道德教育者並不能排除宣告和論證自己的道德信念，但他仍須致力於傳達：所有道德結論都是暫時的，不管個人多麼堅定地相信它們的有效性，它們都須開放地受到他人理性的批評。

　　(5)最後，究竟誰是這位**道德教育者** (moral educator)？而且在什麼情境中他最能結合其描述與評價的角色呢？雖然已有許多隱隱約約的暗示，但現在是提出明確答案的時候了。很顯然地，這裏需要的是聰明睿智的教學，而聰明睿智的教學往往是可在學校中找到。因此，道德教育必須是學校的責任之一，雖然許多人會認爲家庭扮演更具影響力的角色。當然，家長有許多機會來促進兒童的道德發展，但危險的是他們可能沒有充分思考他們想要教導的是什麼，家庭的「道德影響力」往往無關於道德本身，而大多是家庭的方便、社會化和家長權威的灌輸。如果家長要能符合道德教育者，他們必須學習的將更多，而不只

是宣告自己的意見並冀望他們的孩子聽從這些意見。

　　同樣的論點也適用到學校在德育上的責任。如同第二章中提到的，學校中有許多空虛的談話像**潛在課程** (hidden curriculum) 和**價值傳遞** (value transmission)，使得許多教師假定學校中不管如何總是在進行著道德教育，而不用再花更多的時間於德育上。然而，這是個混淆的假定，因為「價值傳遞」與道德教育之間可能在這個世界上有極大的差異。無異地，兒童的態度和價值被許多「潛在」因素所塑造和修改，如學校的組織方式、教師使用的語言、穿著的衣服、微笑肯定的事情、皺眉以表示不贊同的事情等，但是無意識地受到這種方式所影響，並不是接受道德教育。事實上，德育可能的必要部分，在於使兒童更為覺察那些被傳遞的價值，以使他們能公開地、批判地檢查這些價值，而不是未經思考地消化它們。

　　另外，宣稱所有教師都透過各科教學「進行德育」，因此毋需再提供更多德育的說法，同樣是誤導的。不錯，大多數科目的教學都會引介一個道德的層面，如第二章中曾探究過的文學、歷史、社會研究、科學和宗教教育等，但是並非所有的教師都利用這些機會，而即使他們不放過這些機會，也不能保證他們對道德的理解跟他們專長的科目一樣。想到道德領域的複雜性，再看看當一位英文、歷史或生物教師，很可能不樂意讓一位「非專業人士」來侵犯他自己的教學領域，卻相信他能快樂地、即興地處理侵犯他任教科目的任何道德議題，這毋寧顯得冒失、僭越了。

　　因此，凡是沒有系統或沒有計畫的道德教學，都是很

冒險的事情，尤其是評價意含的道德教育終究會變成既無關道德也不是教育。如果我們要避免本書提過的那許多對德育未經細查和不很適當的詮釋，那麼，嚴肅地思考道德的「典型特徵」和教導這些特徵的最佳方法，是非常緊要的。

這最後一章，雖然不是在形構詳細的德育教學手冊，但是藉由分析何謂道德上的「好」，可以推論出多種實際的道德教學涵義。本書的結論是：描述性和評價性的道德教育能夠也應該運用幾種不同的方法來處理，尤其至少在三種不同的情境中──由家長在家裏進行，由所有教師在他們日常教學時進行，以及由專業的教師在預先規畫的「道德」計畫中透過授課和活動來進行。即使像這樣焦點集中的努力，仍然不能確保可以教導兒童成爲好孩子，因爲在道德上教導兒童，不可能像訓練動物那樣機械化的運程；可是，本章描述的教學趨勢，以及先前各章所建議的那些方式，至少應會給予青年人每一次機會來成爲道德社區的參與者。

推薦書目

　　本書的主要目的在於說明道德哲學與道德教育兩者之間的關係，並指出如果對於道德哲學沒有一定程度的認識和瞭解，就無法令人滿意地處理和解決道德教育的問題。如果讀者們已掌握到這個關鍵的論點，而且也對於道德哲學與道德教育之中一些問題有了更進一步的理解，那麼本書就達成了它的中心目標。但有一點必須在此強調，本書的目的並不在於呈現道德哲學所有層面的綜合分析，也不是探究道德教育引發的所有哲學議題，這不是一本導論性質的書所可能完成的。

　　如果讀者們想要進一步研究上述的問題，本書文中所提到的許多參考資料會是很有用的研究起點。由於為了本書的簡潔易懂和讀者的容易貫通瞭解其中的論點，書中所提的參考資料已被儘量減少。因此，除了本文之中的參考書目外，一些另外指引的推薦書目或許會對讀者有所幫助。

(一)道德哲學

　　介紹完整的道德哲學領域的好書有很多，下列的書目

以其內容的清晰明白而受到特別推薦。

Raphael, D. D., *Moral Philosophy* (Oxford: OUP, 1981).

Hospers, J., *Human Conduct* (New York: Harcourt Brace Jovanovich, 1972).

Warnock, G. J., *Contemporary Moral Philosophy* (London: Macmillan, 1967).

Warnock, M., *Ethics since 1900* (Oxford: OUP, 1960).

Ewing, A. C., *Ethics* (London: English Universities Press, 1953).

Hudson, W. D., *Modern Moral Philosophy* (London: Macmillan, 1970).

MacIntyre, A. C., *A Short History of Ethics* (London: Routledge & Kegan Paul, 1967).

Williams, B., *Morality* (Cambridge: CUP, 1972). *Ethics and the Limits of Philosophy* (London: Fontana, 1985).

Mackie, J. L., *Ethics: Inventing Right and Wrong* (Harmonds-worth: Penguin, 1977).

Trusted, J., *Moral Principles and Social Values* (London: Routledge & Kegan Paul, 1987).

有些教育哲學家對於各種倫理學理論作了更簡潔有力

的摘述與批評，特別是：

Peters, R.S., *Ethics and Education* (London: Allen &
    Unwin, 1966), ch.3.
Hirst, P. H., *Moral Education in a Secular Society*
    (London: University of London Press, 1974), ch.3.
Barrow, R., *Moral Philosophy for Education* (Lon-
    don: Allen & Unwin, 1975), ch.2.

㈡道德教育

　　心理學家與社會學家跟哲學家一樣對道德教育都很有
興趣，本書文章裏也屢次提到皮亞傑和郭爾保的實證作
品，這些是哲學家思考時必須要涉獵的著作。結合上述三
種領域的成果來研究道德教育的第一本也仍然是最佳導論
的書籍是：J. Wilson, N. Williams, B. Sugarman,
Introduction to Moral Education (Harmondsworth:
Penguin, 1967)。較爲晚出的一本同樣對道德教育作全方
位調查的書籍是：M. Downey, A. V. Kelly, *Moral
Education, Theory and Practice* (London: Harper &
Row, 1978)。

　　道德教育的哲學方面，則有著汗牛充棟的書籍出現，
這其中威爾遜和皮德思兩人的著作較具深廣的影響力，所
以，先列出他們在這方面的著作。威爾遜除了上述跟Wil-
liams和Surgarman的合著外（該書的第一部分），還有：

Education in Religion and the Emotions (London:

Heinemann, 1971).

The Assessment of Morality (Windsor, Berks: NFER, 1973).

A Teacher's Guide to Moral Education (London: Geoffrey Chapman, 1973).

Practical Problems in Moral Education (London: Heinemann, 1973).

Discipline and Moral Education (Windsor, Berks: NFER/Nelson, 1981).

另外，皮德思有關道德教育的主要著作是*Psychology and Ethical Development* (London: Allen & Unwin, 1974)，特別是該書的第二部分；下列的書籍則是收錄皮德思對於佛洛依德、皮亞傑和郭爾保等理論的批評文章，以及討論兒童道德發展的論文：

Moral Development and Moral Education (London: Allen & Unwin, 1981).

Reason and Compassion (London: Routledge & Kegan Paul, 1973).

其他可能對讀者們有所助益的書目是：

Taylor, M. (ed.), *Progress and Problems in Moral Education* (Windsor, Berks: NFER, 1975).

Chazan, B.I., and Soltis, J.F. (eds), *Moral Education* (Columbia, NY: Teachers College Press, 1975).

Hirst, P. H., *Moral Education in a Secular Society* (London: University of London Press, 1974).

Sizer, T., and N. (eds), *Moral Education: Five Lectures* (Cambridge, Mass.: Harvard University Press, 1970).

Crittenden, B., *Form and Content in Moral Education* (Toronto: Ontario Institute for Studies in Education, 1972).

Rowson, R., *Moral Education* (Milton Keynes: Open University Press, 1973).

Straughan, R., *I Ought To, But...: A Philosophical Approach to the Problem of Weakness of Will in Education* (Windsor, Berks: NFER/Nelson, 1982).

Brown, S. C., (ed.), *Philosophers Discuss Education* (London: Macmillan, 1975)-Part Fort.

Elliott, J., and Pring R. (eds), *Social Education and Social Understanding* (London: University of London Press, 1975).

Bridges, D., and Scrimshaw, P., *Values and Authority in Schools* (London: Hodder & Stoughton, 1975).

Hersh, R. H., Miller, J.P. and Fielding, G.D., *Models of Moral Education* (New York: Longman, 1980).

Pring, R., *Personal and Social Education in the Curriculum* (London: Hodder & Stoughton, 1984).

Thacker, J., Pring, R., and Evans, D.(eds.), *Personal, Social and Moral Education in a Changing World* (Windsor, Berks: NFER/Nelson, 1987).

Weinreich-Haste, H., and Locke, D. (eds), *Morality in the Making* (Chichester: Wiley, 1983)- especially Section II.

Carter, R. E., *Dimensions of Moral Education* (Toronto: University of Toronto Press, 1984).

Ward, L. O., (ed.), *The Ethical Dimension of the School Curriculum* (Swansea: Pineridge, 1982).

Spiecker, B. and Straughan, R. (eds.) *Philosophical Issues in Moral Education and Development* (Milton Keynes: Open University Press, 1988).

　　除了上述的推薦書目之外，探討道德教育的文獻也經常可以在教育性的期刊中找到。至於從哲學的角度來探究道德教育的論文，比較常出現在下列的兩種重要期刊上：《道德教育期刊》(*Journal of Maral Education*) 和《教育哲學期刊》(*Journal of Philosophy of Education*)。

參考書目

Aristotle, *Ehtics,* trans. J.A.K. Thompson (Harmond-sworth :Penguin, 1955).

Ayer, A.J., *Language, Truth and Logic*(London:Gol-lancz, 1936).

Baier, K., 'Moral autonomy as an aim of moral edu-cation', in *New Essays in the Philosophy of Edu-cation,* eds G. Langford and D. J. O'Connor (London:Routledge & Kegan Paul, 1973), pp.96-144.

Brown, S.C. (ed.), *Philosophers Discuss Education* (London:Macmillan, 1975).

Bullock Report, *A Language for Life* (London: HMSO, 1975).

Butler, J., 'Sermon II upon human nature', in *Butler's Works,* ed. W.E. Gladstone(London:OUP, 1897).

Chazan, B. I., and Soltis, J. F. (eds), *Moral Education*(Columbia, NY:Teachers College Press, 1975).

Cooper, N., 'Oughts and wants' and 'Further thoughts on oughts and wants', in *Weakness of Will,* ed. G.W. Mortimore (London: Macmillan, 1971), pp.190-9 and 216-25.

DES/HMI, *Aspects of Secondary Education in England*(London: HMSO, 1979).

DES/HMI, *A View of the Curriculum* (London: HMSO, 1980).

Flugel, J.C., *Man, Morals and Society* (London:Duckworth, 1945).

Foot, P. 'Moral beliefs', in *Theories of Ethics,* ed. P. Foot (London:OUP, 1967), pp. 83-100.

Fraenkel, J.P., *How to Teach about Values:an Analytic Approach* (New Jersey:Prentice-Hall, 1977).

Goodall, O., Beale, M., Beleschenko, A. and Murchison, P.,*Developing Social Awareness in Young Children*(University of Exeter School of Education: Workbook Series 4, 1983).

Hare, R.M., *The Language of Morals* (London:OUP, 1952).

Hare, R.M., *Freedom and Reason*(London:OUP, 1963).

Hare, R.M., 'Language and moral education', in *New Essays in the Philosophy of Education,* eds. G. Langford and D.J. O'Connor(London:Routledge

& Kegan Paul, 1973), pp.149-66.

Hare, R.M., *Moral Thinking* (London:OUP, 1981).

Hersh, R.H., Miller, J.P. and Fielding, G.D., *Models of Moral Education* (New York:Longman, 1980).

Hirst, P.H., 'Morals, religion and the maintained school',*British Journal of Educational Studies,* vol. 14, 1965, pp.5-18.

Hirst, P.H., *Moral Education in a Secular Society*(London:University of London Press, 1974).

Hudson, W.D., (ed.), *The Is-Ought Question* (London : Macmillan, 1969).

Kohlberg, L., 'Education for justice: a modern statement of the Platonic view', in *Moral Education: Five Lectures,*eds. T. Sizer and N. Sizer(Cambridge, Mass.:Harvard University Press, 1970), pp.57-83.

Kohlberg, L., 'Moral stages and moralization', in *Moral Development and Behaviour,* ed. T. Lickona (New York: Holt, Rinehart & Winston, 1976).

Kohlberg, L., 'Revisions in the theory and practice of moral development in *Moral Development,* ed. W. Damon (San Francisco:Jossey Bass, 1978).

Kohlberg, L., *The Psychology of Moral Development*

(San Francisco:Harper & Row, 1984).

Kolnai, A., 'Erroneous conscience', *Proceedings of the Aristotelean Society,* vol. LXIII, 1957-8, pp. 171-99.

Locke, D., 'Moral development as the goal of moral education ' in *Philosophers on Education,* eds. R. Straughan and J. Wilson(Basingstoke:Macmillan, 1987).

McPhail, P., Ungoed-Thomas, J.R., and Chapman, H., *Moral Education in the Secondary School* (London:Longman, 1972).

Milgram, S., *Obedience to Authority*(London:Tavistock, 1974).

Modgil, S., and Modgil, C., (eds.) *Lawrence Kohlberg* : Consensus and Controversy (Lewes:Falmer Press, 1986).

Moore, G.E., *Principia Ehtica* (Cambridge:CUP, 1903).

Mortimore, G.W. (ed.), *Weakness of Will*(London: Macmillan, 1971).

Musgrave, P.W., *The Moral Curriculum:a Sociological Analysis* (London:Methuen, 1978).

Neill, A.S., *Summerhill* (Harmondsworth:Penguin, 1968).

Nowell-Smith, P.H., *Ethics* (Harmondsworth:Penguin, 1954).

Paton, H.J. (ed.), *The Moral Law* (London:Hutchinson, 1948).

Peters, R.S., *Ethics and Education* (London:Allen & Unwin, 1966).

Peters, R.S., *Psychology and Ethical Development* (London:Allen & Unwin, 1974).

Phillips, D.Z., and Mounce, H.O., 'On morality's having a point', in *The Is-Ought Question,* ed. W.D. Hudson(London :Macmillan, 1969),pp.228-39.

Piaget, J., *The Moral Judgement of the Child* (London: Routledge & Kegan Paul, 1932).

Plowden Committee on Primary Education, *Children and their Primary Schools,* vol. 1(London: HMSO, 1967).

Pring, R., 'Personal and Social Education' in *The Ethical Dimension of the School Curriculum,* ed. L.O. Ward (Swansea: Pineridge 1982).

Purpel, D. and Ryan, K. (eds.) *Moral Education……it comes with the Territory* (Berkeley:Delta Kappa, 1976).

Raths, L., Harmin, M., and Simon, S., *Values and Teaching* (Columbus, Ohio:Charles E. Merrill, 1966).

Rousseau, J.J., *Emile* (London:Dent, 1961).

Ryle, G., 'Conscience and moral convictions', in his-*Collected Papers,* Vol. II(London:Hutchinson, 1971).

Sampson, G., *English for the English* (Cambridge: CUP, 1921).

Sartre, J.P., *Existentialism and Humanism* (London: Eyre Methuen, 1973).

Scheffler, I., *The Language of Education* (Springfield, Ill.:Charles C. Thomas, 1960).

Schools Council Nuffield Humanities Project, *The Humanities Project:An Introduction* (London: Heinemann, 1970).

Sealey, J., Religious Education:Philosophical Perspectives (London:Allen & Unwin, 1985).

Shaver, J.P., and Strong, W., *Facing Value Decisions*(New York:Teachers College Press, 1982).

Simon, S., Howe, L., and Kirschenbaum, H., *Values Clarification* (New York; A & W Visual Library, 1972).

Stevenson, C.L., *Ethics and Language* (New Haven, Conn.: Yale University Press, 1944).

Straughan, R., 'Religion, morality and the curriculum',*London Educational Review,* vol. 3, no. 3, 1974, pp.73-9.

Straughan, R., *I Ought To, But* ······.:*A Philosophi-cal Approach to the Problem of Weakness of Will in Education*(Windsor, Berks:NFER/Nelson, 1982).

Straughan, R., and Wrigley, J.(eds), *Values and Evaluation in Education* (London:Harper & Row, 1980).

Taylor, M. (ed.), *Progress and Problems in Moral Education* (Windsor, Berks: NFER, 1975).

Thalberg, I., 'Acting against one's better judgement' in *Weakness of Will,* ed. G.W. Mortimore (London:Macmillan, 1971), pp.233-46.

Warnock, G.J., *Contemporary Moral Philosophy* (London: Macmillan, 1967).

Warnock, M., 'The neutral teacher', in *Philosophers Discuss Education,* ed. S.C. Brown (London:Macmillan, 1975) , pp. 159-71.

White, J.P., *Towards a Compulsory Curriculum* (London: Routledge & Kegan Paul, 1973).

Wilson, J., *The Assessment of Morality* (Windsor, Berks: NFER, 1973).

Wilson, J., Williams, N., and Sugarman, B., *Introduction to Moral Education* (Harmondsworth: Penguin, 1967).

名詞索引

first-order　基元　50

form　形式　56

form of moral discourse　道德論辯的形式　60

form of morality　道德的形式　59

form-versus-content　形式對內容　124

freedom of choice　選擇的自由　51

G

guide conduct　指導行為　60

H

hidden curriculum　潛在課程　150

hobit formation　習慣的養成　119

I

immoral　不道德的　47, 110

impersonal　非個人的　131

impersonality　非個人化　132

indoctrination　灌輸　113

innate goodness　人性本善　105

instincts　本能　76

internal　內在的　97

internalized　內化的　97

irrational　非理性的　98

N

O

P

U

V

W

愛彌兒叢書 4

兒童道德教育

———我們可以教導兒童成爲好孩子嗎？

原　　著／Roger Straughan

譯　　者／李奉儒

出　　版／揚智文化事業股份有限公司

發 行 人／李厚

副總編輯／葉忠賢

登 記 證／局版臺業字第4799號

地　　址／臺北市新生南路三段88號5樓之6

電　　話／(02)3660309・3660313

　FAX　／886-2-3660310

郵撥帳號／1453497-6

印　　刷／偉勵彩色印刷股份有限公司

・本書如有缺頁、破損，請寄回更換

定　　價／新臺幣200元

本書由Open University Press授權發行國際中文版

1994年6月25日初版一刷（印量1～1000）

國立中央圖書館出版品預行編目資料

兒童道德教育：我們可以教導兒童成為好孩子嗎
？／Roger Straughan著；李奉儒譯－－初版.
－－臺北市：揚智文化，1994〔民83〕
面；　公分. ‥（愛彌兒叢書；4）
譯自：Can we teach children to be good?
: basic issues in moral, personal, and
social education
參考書目：面
含索引
ISBN 957-9091-69-2 （平裝）

1.道德－教育
528.5　　　　　　　　　　　　　83005253